CLAUDE VEILLETTE

ENTRE BONHEUR ET LIBERTÉ
Commentaire sur l'éthique de Bentham, Mill et Kant

Nouvelle édition

LES ÉDITIONS
CEC

9001, boul. Louis-H.-La Fontaine, Anjou (Québec) Canada H1J 2C5
Téléphone : 514-351-6010 • Télécopieur : 514-351-3534

Direction de l'édition
Philippe Launaz

Direction de la production
Danielle Latendresse

Direction de la coordination
Rodolphe Courcy

Charge de projet
Jean-Pierre Regnault

Correction d'épreuves
Carolyne Roy

Réalisation graphique
Les productions Faire Savoir inc.

L'éditeur tient à remercier Katerine Deslauriers pour la direction de la première édition de l'ouvrage et pour sa collaboration.

Sources iconographiques supplémentaires
Page couverture,
59639506 © Shutterstock/cla78,
36181546 © Shutterstock/magicinfoto
Pour tous les documents mis à disposition aux conditions de la licence *Creative Commons* (version 3.0 et précédentes), les adresses sont les suivantes :
CC-BY (*Paternité*) : <creativecommons.org/licenses/by/3.0/deed.fr_CA>
CC-BY-SA (*Paternité - Partage des conditions initiales à l'identique*) :
<creativecommons.org/licenses/by-sa/3.0/deed.fr_CA>

Les Éditions CEC inc. remercient le gouvernement du Québec de l'aide financière accordée à l'édition de cet ouvrage par l'entremise du Programme de crédit d'impôt pour l'édition de livres, administré par la SODEC.

***Entre bonheur et liberté*, nouvelle édition**

© 2010, Les Éditions CEC inc.
9001, boul. Louis-H.-La Fontaine
Anjou (Québec) H1J 2C5

Dépôt légal : 2010
Bibliothèque et Archives nationales du Québec
Bibliothèque et Archives Canada

ISBN : 978-2-7617-3246-8

Imprimé au Canada
1 2 3 4 5 14 13 12 11 10

REMERCIEMENTS

Je remercie tous ceux qui ont participé à la réalisation de cet ouvrage, en particulier Philippe Launaz pour sa grande disponibilité et le soin apporté aux éléments visuels. Je remercie également Jean-Pierre Regnault pour ses suggestions et la qualité de ses commentaires. Enfin, je tiens à remercier Katerine Deslauriers pour avoir facilité la réédition du présent ouvrage aux Éditions CEC.

Claude Veillette

À mes filles, Sandrine et Marion

AVANT-PROPOS

Après avoir proclamé la fin de toutes les morales, notre époque semble accorder à la question du bien et du mal un intérêt qu'on croyait révolu, l'éthique a l'écoute du grand public et occupe une large place dans l'actualité. C'est, croyons-nous, bien plus qu'une mode passagère : le symptôme de quelque chose de profond qui mérite notre attention. La rapidité des transformations sociales, et leurs contrecoups sur l'organisation de nos vies, nous expose plus que jamais à des situations qu'on déplore, à des comportements qu'on s'explique mal, voire à des situations inédites auxquelles, le plus souvent, on ne sait pas comment réagir. Il suffit de penser aux inquiétudes engendrées par les prouesses technologiques, par les percées de la biotechnologie et de la génétique qui rendent l'être humain de plus en plus connu et donc transparent. S'ajoutent celles liées au nouvel ordre mondial après l'effondrement du communisme, à la mondialisation de l'économie et à ses effets sur l'organisation du travail. Et que dire de la dégradation accélérée de l'environnement (réchauffement de l'atmosphère, extinction des espèces, pollution, etc.) causée par les effets de l'industrialisation, de la menace du nucléaire, de l'explosion démographique, etc. Bref, il est devenu difficile de savoir ce que nous devons faire. La situation est d'autant plus préoccupante que beaucoup d'entre nous estiment préférable de laisser entre les mains des techniciens et des scientifiques le soin de trouver des remèdes à toutes ces difficultés, en alléguant qu'ils sont bien placés pour le faire. Est-ce vraiment cela la solution ? Est-il souhaitable de s'en remettre au jugement des seuls experts sur de telles questions ?

Devant l'ampleur des défis qui se posent à nous, réfléchir à l'éthique n'est pas un luxe, mais une nécessité : il nous faut y voir un peu plus clair pour mieux assumer nos responsabilités.

Le propre de la philosophie morale est justement de fournir un cadre conceptuel qui aide à comprendre le sens et la portée de nos actions. Le monde dans lequel nous vivons s'enracine dans une longue tradition. La connaître, c'est saisir la façon dont les hommes pensent, leur manière de concevoir les choses et de voir les hommes.

Aussi le but de cet ouvrage est de fournir aux étudiants du collégial les concepts et les références historiques pour comprendre les présupposés éthiques au fondement des sociétés contemporaines. Toutefois, la grande diversité des approches philosophiques portant sur le bien risque d'en décourager plus d'un. Comment se diriger parmi toutes ces théories morales et se situer par rapport à tant de perspectives? Pour nous y retrouver, nous avons jugé opportun de limiter notre présentation à celles issues de la modernité. L'époque moderne a radicalement transformé notre vision du monde en nous procurant le sentiment de pouvoir se poser, pour reprendre les mots du célèbre philosophe français du XVIIᵉ siècle, René Descartes, en « maître et possesseur de la nature ». Une nouvelle conception de l'être humain est alors née. La pensée moderne fait de l'homme un être en rupture avec l'univers, c'est-à-dire un sujet souverain et une personne autonome. Voilà pourquoi, sans rien enlever à la grandeur ni à la richesse des éthiques de l'Antiquité, nous avons circonscrit le champ de notre exploration aux théories morales qui ont pris la mesure de ces mutations.

Mais là encore, nous avons dû faire des choix afin d'éviter une présentation purement historique. Par chance, la philosophie morale met à notre disposition un critère apte à nous guider, celui de la distinction entre les doctrines éthiques d'inspiration téléologique et celles d'inspiration déontologique. Sans être infaillible, cette distinction a l'intérêt de permettre une analyse comparée des idées morales élaborées au cours des siècles, en autorisant une organisation et un regroupement de la plupart des théories portant sur le bien.

Bonheur ou liberté ?

On appelle téléologique (du grec *telos*, qui signifie « fin » ou « but ») l'ensemble des théories qui définissent la morale sur la base d'une fin ultime à laquelle l'action humaine est subordonnée. Partant du principe que le bien-être est l'état auquel aspirent naturellement tous les hommes, les morales téléologiques font du bonheur le but suprême de l'agir humain. De ce fait, elles cherchent à déterminer les actions qui contribuent le plus à rendre les hommes heureux, et elles ont tendance à juger de la valeur morale d'une action d'après ses conséquences ou ses résultats sur le plan du bonheur. Aussi se prêtent-elles bien à une approche pragmatique et concrète des problèmes moraux.

À l'opposé de cette morale du succès, on trouve le courant déontologique (du grec *deon*, qui signifie « devoir »). Les théories morales se réclamant de cette approche estiment que certaines actions sont toujours condamnables ou requises quelles qu'en puissent être les conséquences. Par opposition aux éthiques téléologiques, les éthiques déontologiques font de l'intention qui prélude à l'action le principal critère pour déterminer la valeur morale de cette dernière. Un acte est considéré comme moralement bon lorsqu'il obéit à des principes qui sont bons en eux-mêmes, indépendamment des effets désirables ou souhaitables qui s'ensuivent. En cela, l'approche déontologique représente une position nettement plus idéaliste ou absolue que le courant téléologique, dans la mesure où elle considère que certains actes ne peuvent jamais être appréciés en fonction de leurs seules conséquences. Prenons l'exemple des droits de l'homme. Ce sont des droits absolus, avec lesquels on ne peut aucunement transiger. De ce point de vue, ce n'est ni notre bonheur ou ni celui des hommes qui compte, pas plus que les intérêts pragmatiques de la situation, mais bien la conscience de devoir les respecter. Cette conscience du devoir s'appelle liberté. Aussi les éthiques déontologiques font-elles de la liberté la condition même de l'obligation morale.

Bonheur de l'individu ou du genre humain, devoir de l'homme au nom de la liberté, tels sont les deux grands courants de pensée qui donnent à voir les fondements et la nature de l'action morale. La différence entre ces deux familles d'éthique est immense, et leurs implications multiples, car on ne pense pas et on ne se comporte pas de la même manière selon que l'on agit au nom du bonheur ou de la liberté. Il faut donc choisir son principe moral, non pas de manière rigide en ne jurant que par l'une ou l'autre de ces approches, mais en allant chercher celle qui, selon notre conscience, répond le mieux à la situation à laquelle nous faisons face. Il faut en effet se méfier de leur opposition irréductible : sur plus d'un point, elles sont complémentaires.

À l'époque moderne, la philosophie pratique d'Emmanuel Kant et l'éthique utilitariste classique de Jeremy Bentham et de John Stuart Mill sont certainement les théories les plus représentatives de chacun de ces grands courants, déontologique pour la première, téléologique pour la seconde. Pour tout dire, le kantisme et l'utilitarisme sont incontournables. S'il est vrai que nos contemporains en ont pris quelques distances, il n'en reste pas moins que ces théories continuent d'alimenter et de stimuler les discussions de l'heure. L'étendue des thèmes abordés par ces deux positions est telle qu'elles demeurent des références constantes pour quiconque cherche à s'orienter dans la complexité des débats actuels en éthique. Par ailleurs, elles se prêtent aisément à de nombreuses applications dans des domaines variés, allant du monde des affaires et de l'entreprise aux questions liées à la justice, à la politique ou à l'environnement, jusqu'aux problématiques soulevées par la science et la technologie.

Éthique ou morale ?

On préfère aujourd'hui parler d'éthique plutôt que de morale, le premier terme apparaissant moins contraignant, moins péjoratif, plus présentable, plus moderne et, disons-le, plus à la mode que le second. Mais faut-il pour autant établir une distinction franche entre les deux termes ? Admettons-le, il n'est pas simple, d'entrée de jeu, de dire en quoi l'un se distingue de l'autre. L'étymologie confirme d'ailleurs leur étroite parenté : tous deux se rapportent aux mœurs, aux coutumes, mais l'un vient du latin *mores* et l'autre, du grec *ethos*. De nos jours, certains auteurs leur réservent cependant un usage différent. Mais là encore, ces distinctions terminologiques ne font pas l'unanimité parmi les spécialistes. Nous emploierons l'un ou l'autre terme, pour des raisons de commodité et de simplicité. Nous parlerons ainsi de la morale et de l'éthique pour désigner la dimension pratique de l'existence humaine, celle qui se rapporte à nos manières d'agir et de nous comporter tant sur le plan individuel que collectif. Même chose lorsqu'il s'agira de l'appréciation et de l'évaluation de nos actes, de nos traits de caractère et de nos façons de vivre selon les critères généraux du bien et du mal. Par contre, lorsque nous voudrons insister sur la dimension réflexive de la morale, nous utiliserons le terme «éthique», qui devra alors être compris comme relatif à une branche de la philosophie pratique. Pris dans son usage philosophique, l'éthique désignera le système réfléchi du concept du bien édifié par un individu, une communauté, une religion, une civilisation, etc.

Présentation de l'ouvrage

On aura compris que le présent ouvrage n'est pas un livre de morale, mais bien un livre de philosophie morale. Son objectif n'est pas de fournir un code de conduite et de dire ce qu'il faut faire ou ne pas faire, mais de contribuer à la réflexion critique sur les valeurs qui nous guident, de manière que nos décisions soient prises de façon lucide sur des questions qui impliquent des valeurs personnelles, sociales et politiques. Il doit par conséquent être vu comme une introduction, par le biais de théories philosophiques, à la question pratique fondamentale : «Que dois-je faire?».

• La principale caractéristique de cet ouvrage est de mettre à la disposition de l'étudiant la substance de deux théories classiques de la philosophie moderne, *Fondement pour la métaphysique des mœurs* d'Emmanuel Kant et *L'Utilitarisme* de John Stuart Mill. Nous avons pris la liberté de limiter la présentation de Kant et de Mill aux extraits les plus susceptibles de stimuler l'intérêt et la curiosité des lecteurs. La lecture de ces textes est accompagnée d'un commentaire visant à en faciliter la compréhension. Quoi qu'on en dise, la philosophie ne peut se passer de la lecture de ceux qui ont porté à un degré élevé la réflexion sur ces questions fondamentales. Nous pensons que le contact direct avec ces deux œuvres donne l'occasion d'explorer ces théories morales en recourant à leurs articulations internes et à leurs objectifs de fond plutôt qu'à leurs conclusions. C'est là un excellent moyen d'amener l'étudiant à reconnaître l'importance de l'argumentation et de la cohérence des jugements personnels dans une perspective morale.

• Le parti a été pris de restreindre l'étude des théories morales à une approche déontologique et à une approche téléologique afin de permettre au professeur de greffer sans mal, au gré de ses centres d'intérêt et de ses exigences, d'autres philosophes à ces deux théories de base.

• Tout au long du texte, l'étudiant trouvera de nombreux encadrés sur la vie et les idées des penseurs de l'histoire de la philosophie. L'intérêt de ces aperçus historiques est de mettre en évidence combien les auteurs dialoguent entre eux.

- Chacune des deux parties comporte un large éventail de *questions sur le texte* portant sur les extraits de ces deux œuvres, ainsi que plusieurs *questions de compréhension.* Portant sur des aspects plus généraux, ces questions permettent à l'étudiant de clarifier son entendement des notions et des principaux concepts du discours éthique. Elles ont l'avantage appréciable d'éviter de réduire les théories morales à de simples «prêts à penser» pour problématiques éthiques en tout genre. De plus, elles offrent au professeur une grande diversité de stratégies pédagogiques.

- Cet ouvrage ne traite pas d'éthique appliquée. Il a été organisé et structuré de façon à fournir à l'étudiant les moyens théoriques pour mettre en pratique son jugement sur des problématiques actuelles. En fin de partie, les sections Applications aident l'étudiant à mieux utiliser les notions et les concepts clés des éthiques kantienne et utilitariste. Ces modèles sont avant tout des instruments de travail destinés à stimuler la réflexion philosophique, et non une procédure mécanique permettant d'arriver à la «bonne réponse». Le professeur pourra choisir le ou les champs d'application qui répondent au programme de ses étudiants.

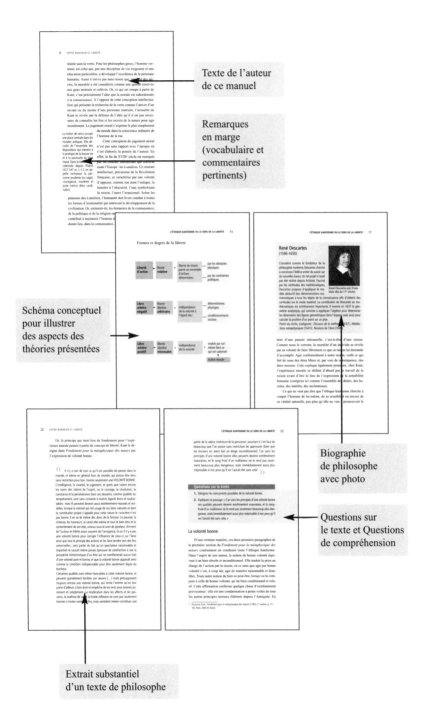

Texte de l'auteur
de ce manuel

Remarques
en marge
(vocabulaire et
commentaires
pertinents)

Schéma conceptuel
pour illustrer
des aspects des
théories présentées

Biographie
de philosophe
avec photo

Questions sur
le texte et Questions
de compréhension

Extrait substantiel
d'un texte de philosophe

TABLE DES MATIÈRES

XVI

De tout temps on a dit qu'il y a des vérités qui relèvent du sentiment autant que de la raison ; et de tout temps aussi on a dit qu'à côté des vérités que nous trouvons faites il en est d'autres que nous aidons à se faire, qui dépendent en partie de notre volonté.

HENRY BERGSON. *Sur le pragmatisme de Williams James.* Dans *Œuvres* (p. 1444). Paris, PUF, 1959.

L'ÉTHIQUE KANTIENNE
OU LE SENS DE LA LIBERTÉ

MISE EN PERSPECTIVE

Pourquoi lire Kant aujourd'hui ?

Les écrits de Kant consacrés à la philosophie morale se retrouvent principalement dans trois ouvrages majeurs : *Fondement pour la métaphysique des mœurs* (1785), *Critique de la raison pratique* (1788) et *Métaphysique des mœurs* (1797). Par commodité, nous nous limiterons aux idées développées par Kant dans son texte intitulé *Fondement pour la métaphysique des mœurs*. Deux raisons justifient ce choix. Premièrement, cet ouvrage renferme l'essentiel de sa doctrine morale. Deuxièmement, il est écrit dans une intention de vulgarisation pour un large public.

En nous aidant des textes de l'auteur, nous ferons ressortir les points marquants de cette grande théorie morale pour vous permettre, d'abord, de la comprendre et, ensuite, de pouvoir l'appliquer à des problématiques morales actuelles. L'exercice n'est toutefois pas simple. Kant demande beaucoup à ses lecteurs. Son style n'est pas des plus faciles, les phrases sont généralement longues, sans compter les redites et les nombreuses remarques qui les accompagnent. Il ne faut donc pas s'attendre à comprendre tous les détails de ses écrits. Même un

---

Fondement pour la métaphysique des mœurs* (1785)

Emmanuel Kant

Table des matières

Préface

Première section :
Passage de la connaissance rationnelle commune de la moralité à la connaissance philosophique

Deuxième section :
Passage de la sagesse morale populaire à la métaphysique des mœurs

Troisième section :
Passage de la métaphysique des mœurs à la critique de la raison pure pratique

De la préface et des trois sections qui composent le texte du *Fondement pour la métaphysique des mœurs,* nous reproduisons le contenu de la quasi-totalité de la première section ainsi qu'une partie importante de la deuxième section.

* Titre de l'édition utilisée pour les extraits de ce manuel

spécialiste de la philosophie y arrive difficilement. Et ce n'est pas tout! Plusieurs aspects de sa philosophie peuvent nous paraître aujourd'hui désuets, ou même déplaisants. Cela n'a rien de surprenant. Comment un auteur décédé il y a plus de deux siècles, ayant vécu et écrit dans un monde si différent du nôtre, pourrait-il répondre avec satisfaction aux problèmes auxquels nous faisons face aujourd'hui? L'actualité de sa pensée est ailleurs. Elle réside d'abord dans le fait qu'elle n'a pas pour projet d'établir une morale, au sens d'un ensemble de « valeurs morales » dictant les bonnes et les mauvaises actions, mais de répondre à la question toute simple en apparence : qu'est-ce qu'agir moralement? Ou, pour le dire autrement : quel est le fondement, comme l'indique le titre de l'ouvrage, de toute expérience morale? La réponse de Kant à cette question explique en bonne partie les raisons pour lesquelles le dialogue avec lui demeure toujours vivant.

L'importance des idées de ce lointain contemporain n'est plus à démontrer. Avec le temps, la philosophie de Kant a acquis une valeur universelle. À l'occasion du deux centième anniversaire de sa mort, en 2004, plusieurs événements, colloques, congrès ont été organisés un peu partout dans le monde (Allemagne, Australie, Chine, France, Russie, etc.).

Page manuscrite de Kant.

Emmanuel Kant
(1724-1804)

Emmanuel Kant, né le 22 avril 1724, est mort le 12 février 1804. À part quelques excursions, il a passé toute sa vie dans la ville qui l'a vu naître, Königsberg, au nord de la Prusse (aujourd'hui, Kaliningrad, enclave russe proche de la Lituanie). Kant a vécu au royaume de Prusse, dans lequel toute l'autorité politique était concentrée entre les mains du roi, Frédéric-Guillaume Ier (qui régna de 1713 à 1740). Alors quatrième puissance militaire européenne (après la France, la Russie et l'Autriche), la Prusse venait au treizième rang par le nombre de ses habitants. Les dépenses militaires occupaient une bonne partie du budget du pays. On raconte que le roi Frédéric-Guillaume Ier dépensait des montants colossaux pour entretenir sa garde personnelle. Il déboursa jusqu'à 9 000 thalers (la monnaie de l'époque) pour recruter un de ses gardes. À titre de comparaison, le budget annuel de l'université où enseigna Kant (Albertus à Königsberg) était inférieur à cette somme[1].

Il ne sert à rien de vouloir trouver dans la vie de Kant des événements marquants. Sa vie était rigoureusement réglée. Il se levait tous les jours à cinq heures, puis se consacrait, selon un horaire bien établi, à son travail d'écriture, à ses lectures, à la préparation de ses cours à l'université et à ses promenades. Il se couchait chaque soir à dix heures précises. Sa ponctualité était légendaire. On raconte qu'il faisait quotidiennement une promenade d'une heure, et qu'il n'a modifié son horaire qu'à deux occasions : à la réception de la nouvelle de la Révolution française, dont il fut un profond admirateur jusqu'au règne de la Terreur, et à la lecture de l'Émile de Jean-Jacques Rousseau.

Parmi ses œuvres les plus célèbres, soulignons : *Critique de la raison pure* (1781) ; *Critique de la raison pratique* (1788) ; *Critique de la faculté de juger* (1790).

---

[1]   À ce sujet, voir ARSENIJ GOULYGA. *Emmanuel Kant. Une vie* (p. 11). Paris, Aubier, 1981.

Kant et ses compagnons de table, par Emil Doerstling (1893).

Königsberg, with Kant's house in the front/left and the castle in the background

Königsberg, avec la maison de Kant, en bas à gauche, et le château en arrière-plan.

Un philosophe des Lumières

C'est à Kant que revient le génie d'avoir développé jusqu'au bout l'idée de l'expérience morale en termes de liberté et d'autonomie de la personne, concepts clés des temps modernes. Il s'agit là d'une rupture sans précédent avec la tradition antérieure à Kant, tradition où la moralité n'a aucune réalité sans la vertu. Pour les philosophes grecs, l'homme vertueux est celui qui, par une discipline de vie exigeante et une éducation particulière, a développé l'excellence de la personne humaine. Aussi n'est-ce pas sans raison que, pendant des siècles, la moralité a été considérée comme une qualité réservée aux gens instruits et cultivés. Or, ce qui est rompu à partir de Kant, c'est précisément l'idée que la morale est subordonnée à la connaissance. À l'opposé de cette conception intellectualiste qui présente la recherche de la vertu comme l'œuvre d'un savant ou du moins d'une personne instruite, l'actualité de Kant se révèle par la défense de l'idée qu'il n'est pas nécessaire de connaître les lois et les secrets de la nature pour agir moralement. Le jugement moral s'exprime le plus simplement du monde dans la conscience ordinaire de l'homme de la rue.

La notion de *vertu* occupe une place centrale dans les morales antiques. Elle découle de l'ensemble des dispositions qui mènent à la pratique de la bonne vie et à la poursuite du bien moral. Dans la tradition occidentale depuis Platon (427-347 av. J.-C.), on appelle vertueuse la personne prudente (ou sage), courageuse, modérée et juste (vertus dites cardinales).

Cette conception du jugement moral n'est pas sans rapport avec l'époque où s'est élaborée la pensée de l'auteur. En effet, la fin du XVIIIe siècle est marquée par un courant intellectuel qui traverse toute l'Europe : les Lumières. Ce courant intellectuel, précurseur de la Révolution française, se caractérise par une volonté d'opposer, comme son nom l'indique, la lumière à l'obscurité, l'une symbolisant la raison, l'autre l'irrationnel. Selon les penseurs des Lumières, l'humanité doit livrer combat à toutes les formes d'irrationalité qui entravent le développement de la civilisation. Or, estiment-ils, les domaines de la connaissance, de la politique et de la religion ont trop souvent, dans le passé, contribué à maintenir l'homme dans l'obscurité. L'irrationnel donne lieu, dans la connaissance, au préjugé ; dans la politique, à des systèmes autoritaires ; et dans la religion, à la superstition, ce délire de la raison, comme le disait Voltaire. L'obscurité n'est toutefois pas insurmontable. Si l'homme peut, grâce à son savoir, enrayer les maladies, l'ignorance, la misère, on peut raisonnablement espérer vaincre l'irrationnel qui habite au cœur de l'humanité par la connaissance. Kant sera un ardent défenseur des Lumières. Il a lui-même défini de manière magistrale l'esprit de son propre siècle dans un texte célèbre :

« Les Lumières se définissent comme la sortie de l'homme hors de l'état de minorité, où il se maintient par sa propre faute. La minorité est l'incapacité de se servir de son entendement sans être dirigé par un autre. Elle est due à notre propre faute quand elle résulte non pas d'un manque d'entendement, mais d'un manque de résolution et de courage pour s'en servir sans être dirigé par un autre. *Sapere aude* ! Aie le courage de te servir de ton propre entendement ! Voilà la devise des Lumières.

La paresse et la lâcheté sont les causes qui expliquent qu'un si grand nombre d'hommes, alors que la nature les a affranchis depuis longtemps de toute direction étrangère, restent volontiers, leur vie durant, mineurs ; et qu'il soit si facile à d'autres de se poser comme leurs tuteurs. Il est si commode d'être mineur. Si j'ai un livre qui me tient lieu d'entendement, un directeur qui me tient lieu de conscience, un médecin qui juge de mon régime à ma place, etc., je n'ai pas besoin de me fatiguer moi-même. Je ne suis pas obligé de penser, pourvu que je puisse payer ; d'autres se chargeront pour moi de cette besogne fastidieuse. Que la plupart des hommes […] finissent par considérer le pas qui conduit à la majorité, et qui est en soi pénible, également comme très dangereux, c'est ce à quoi ne manquent pas de s'employer ces tuteurs qui, par bonté, ont assumé la tâche de veiller sur eux. Après avoir rendu tout d'abord stupide leur bétail domestique, et soigneusement pris garde que ces paisibles créatures ne puissent oser faire le moindre pas hors du

Voltaire, François-Marie Arouet, dit
(1694-1778)

Que répondre à un homme qui vous dit qu'il aime mieux obéir à Dieu qu'aux hommes, et qui, en conséquence, est sûr de mériter le ciel en vous égorgeant ?

VOLTAIRE. *Dictionnaire philosophique.* Dans *Le XVIIIe siècle en 10/18* (collection, «10/18», p. 324). Paris, 1976.

Figure centrale de l'humanisme militant de la France du XVIIIe siècle, Voltaire est principalement connu par son combat philosophique pour la tolérance et la justice. Ses prises de position lui valent deux séjours à la Bastille et un exil de trois ans en Angleterre. Étranger à l'esprit des religions, il dénonce en les raillant le cléricalisme et les dogmes religieux. Il refuse cependant l'athéisme ; il estime que l'ordre de l'univers ne relève pas du hasard. Tout en étant persuadé que l'humanité va en progressant, il conteste l'idée d'une providence divine qui guiderait le cours des événements en fonction d'un but précis. C'est par le développement de la science, de l'industrie et des arts que l'humanité trouve les conditions de son progrès. Voltaire laisse une œuvre considérable : plus de 1500 lettres, des essais philosophiques, des ouvrages historiques, des romans, des comédies, des tragédies, des poèmes et de nombreux articles.

Les figures les plus représentatives des Lumières sont ; en France, les encyclopédistes Diderot, d'Alembert, Montesquieu, Rousseau et Voltaire ; en Angleterre, Locke, Berkeley et Hume ; et en Allemagne, Wolf, Lessing et Kant.

Parmi ses écrits, soulignons : *Lettres philosophiques* (1734) ; *Zadig* (1747) ; *Essai sur les mœurs et l'esprit des nations* (1756) ; *Candide* (1759) ; *Traité sur la tolérance* (1763) ; Dictionnaire philosophique (1764) ; *L'ingénu* (1767).

parc où ils les ont enfermés, ils leur montrent ensuite le danger qu'il y aurait à essayer de marcher tout seul. Or le danger n'est sans doute pas si grand que cela, étant donné que quelques chutes finiraient bien par leur apprendre à marcher ; mais l'exemple d'un tel accident rend malgré tout timide et fait généralement reculer devant tout autre tentative[2].

Questions sur le texte

1. Résumez en une phrase le premier paragraphe de ce texte de Kant.

2. Expliquez pourquoi, selon Kant, il est si facile de laisser les autres penser à notre place.

3. Dans le deuxième paragraphe, Kant porte un jugement très sévère à l'endroit de tous ces tuteurs qui empêchent les autres de juger par eux-mêmes : « Après avoir rendu tout d'abord stupide leur bétail domestique, et soigneusement pris garde que ces paisibles créatures ne puissent oser faire le moindre pas hors du parc où ils les ont enfermés, ils leur montrent ensuite le danger qu'il y aurait à essayer de marcher tout seul. » Commentez ce passage en vous référant à notre époque. Pour bien répondre à cette question, demandez-vous qui seraient aujourd'hui ceux qu'il appelle des tuteurs.

L'homme doit désormais se libérer de ses peurs. Tel est le sens du fameux *Sapere aude* de Kant. Pour y arriver, l'homme doit apprendre à penser par lui-même, à faire un usage autonome de sa raison. Il ne faut donc pas s'étonner si cette exigence d'un usage libre de la raison est perçue comme une incitation à contester ouvertement la légitimité du pouvoir politique et la félicité de la religion. En matière de morale, la même attitude s'impose. On refuse désormais de laisser aux différentes formes d'autorité le soin de statuer ce qui est bien

---

2   EMMANUEL KANT. *Réponse à la question : qu'est-ce que les Lumières ?* (1785). Dans *Œuvres philosophiques* (collection « La Pléiade », tome II, p. 209). Paris, 1985 © Éditions Gallimard. (Traduit par Heinz Wismann.)

ou mal. C'est à l'individu, et à lui seul, que revient le droit de décider, par un jugement libre et autonome, des normes de son action. Bref, en affirmant que tout être humain est capable de se gouverner et de penser par lui-même, la période des Lumières marque un moment historique important pour la reconnaissance de la personne humaine.

LA MORALE COMME EXPÉRIENCE DE LA LIBERTÉ

La liberté comme liberté d'action

Faire de la liberté la condition même de la moralité ne va toutefois pas sans difficulté. Car, qu'est-ce que la liberté ? Prise dans son sens le plus large, la notion de liberté implique celle d'action, mais aussi celle de volonté. En ce sens, être libre, c'est vouloir agir sans que rien ni personne ne nous en empêche. C'est faire ce que l'on veut. Les philosophes donnent à cette forme de liberté le nom de *liberté d'action*. La liberté d'action n'est jamais absolue, car il y a toujours des obstacles. Ce sont d'abord les contraintes physiques propres à notre nature qui limitent nos possibilités d'action, par exemple voler dans les airs par ses propres moyens, ne pas respirer, etc. Ensuite, les contraintes associées à la vie en société, c'est-à-dire les lois politiques, fixent rapidement à tout un chacun les limites de ses actions. Aucun État n'autorise les citoyens à faire tout ce qu'ils voudraient. Il en existe, bien sûr, où l'individu jouit d'une plus grande liberté d'action que d'autres, mais dans son principe, l'État et ses lois imposent une limite à la liberté. Et c'est pourquoi la liberté d'action est toujours relative ; elle s'exprime par un nombre plus ou moins grand de possibilités ou d'options. Bref, elle est la capacité de vouloir quelque chose à l'intérieur d'un ensemble de choix possibles.

D'après Kant, la liberté d'action ne suffit pas à fonder la morale. C'est que les choix de la liberté d'action dépendent de conditions qui déterminent ce que l'individu peut et veut faire. Les conditions physiques, psychiques, économiques et politiques sont autant de facteurs qui imposent à tout individu un certain nombre de choix. Ceux de l'enfant ne sont pas ceux de l'adulte, tout comme ceux de l'homme malade ou du pauvre diffèrent de ceux du bien portant ou du riche. Nos choix se trouveraient donc déterminés par des causes (biologiques, psychologiques, sociales, idéologiques, etc.) dont on ne décide pas et qu'on n'a pas souhaitées. Comment est-il donc possible d'agir librement si nos choix ne dépendent pas de nous, de notre volonté, si ce que nous voulons est déterminé par quelque chose qu'on n'a pas voulu ? En d'autres termes, que signifie choisir lorsque nos choix s'expliquent par des causes non désirées ? De quelle liberté jouissons-nous si nos choix restent soumis à ce que nous sommes par nos déterminismes naturels et nos conditionnements sociaux ? Bref, la difficulté, en ce qui concerne la liberté d'action, c'est que cette dernière ne garantit pas que nous sommes libres de choisir ce que nous voulons, car pour être libre de cette manière il faudrait pouvoir se choisir soi-même, être sa propre cause, c'est-à-dire avoir la capacité de choisir indépendamment de nos multiples déterminismes et conditionnements.

Mais est-ce seulement possible ? Peut-on vouloir quelque chose sans que notre choix soit déterminé par ce côté de nous qu'on ne choisit pas ? Selon Kant, il suffit de s'en remettre à l'opinion commune pour attester la réalité de cette expérience. Prenons l'exemple d'un individu qui, au cours d'un vol à main armée dans un magasin, finit par tuer le commis. On le trouvera spontanément et sans hésiter coupable. Pourtant, ce meurtre peut être facilement imputé à un certain nombre de causes, tout comme le vol. On pourra expliquer ce geste par la situation sociale et économique, par le tempérament, l'éducation ou les fréquentations de l'agresseur, et mettre en cause les circonstances du moment. Tous ces facteurs peuvent nous renseigner sur ce qui a poussé notre agresseur à tirer avec son arme sur le commis. Mais si, en dépit de cela, on le tient pour responsable, c'est donc qu'on estime qu'il aurait pu agir autrement, qu'il lui était possible de se dégager des multiples conditionnements qui étaient les siens. Cette forme de liberté, Kant, avec de nombreux philosophes, l'appelle *libre arbitre* ou *liberté d'indifférence*.

La liberté comme libre arbitre

Rien, sur le plan scientifique, ne prouve que l'être humain peut échapper aux déterminismes de la nature et de la société. De ce point de vue, la liberté comme libre arbitre reste incompréhensible, elle est une énigme. Puisque expliquer, c'est comprendre en invoquant des causes, le libre arbitre ne peut être démontré. Pourtant, il faut bien admettre sa réalité si l'on pense que l'homme est responsable de sa vie, qu'il est réellement celui qui choisit. Il serait sinon impossible de blâmer ou d'admirer un individu si l'on pouvait expliquer ses comportements par une série de facteurs indépendants de la volonté humaine. La responsabilité présuppose la possibilité, pour l'homme, de se soustraire en vertu de sa propre volonté à toute explication de type causal.

Sans autonomie de la volonté, la liberté de choix reste un leurre. Voilà pourquoi l'homme est le sujet de ses actes, et que ses choix ne sont imputables qu'à lui seul. Il ne saurait subir l'effet des conditionnements qui, à son insu, façonnent une bonne partie de ses décisions puisqu'il a – c'est ce qu'il nous faut postuler – la capacité de transformer ou de rejeter les facteurs qui affectent sa volonté.

C'est donc une liberté entendue au sens de libre arbitre que réclame Kant comme expérience de la morale. Mais attention : si l'indépendance de l'homme par rapport aux déterminants naturels et sociaux est la condition nécessaire de la moralité, elle n'est toutefois pas sa condition suffisante. Par exemple, l'homme peut, s'il le veut, décider de refuser toute nourriture jusqu'à en mourir, de s'interdire tout rapport sexuel au cours de son existence ou encore, plus simplement, de vaincre les obstacles liés à sa condition sociale. Tous ces actes expriment la faculté, pour notre volonté, d'aller à l'encontre des impulsions de notre nature physique et des pressions sociales. Mais où se situe la moralité ? Car le libre arbitre n'est jamais en lui-même une preuve de moralité. L'usage du libre arbitre ne nous protège pas forcément de l'arbitraire, puisque nous pouvons décider d'entreprendre une multitude d'actes variés, voire contradictoires entre eux, jusques et y compris des actes immoraux (par exemple, mettre notre volonté au service d'une cause terroriste ou encore nous faire kamikaze).

Le libre arbitre dans son usage négatif et positif

C'est pourquoi Kant parle d'un usage négatif et d'un usage positif du libre arbitre. Côté négatif, la liberté est, comme nous venons de le voir, l'indépendance de la volonté par rapport aux causes extérieures (lois naturelles, mécanismes psychologiques, économiques, sociaux, etc.). Côté positif – et c'est le sens retenu par l'éthique de Kant – la liberté du libre arbitre rejoint une perspective universelle. À titre d'exemple, avons-nous vraiment le libre choix de dire ou non que « $7 + 5 = 12$ » ou que « la somme des angles d'un triangle est de 180 degrés » ? Si nous comprenons la démonstration, nous n'avons d'autre choix que d'accepter les chiffres proposés. La solution s'impose. Elle est universelle, à savoir que, quels que soient notre condition physique, psychologique ou sociale, et le lieu et l'époque où nous sommes nés, il s'agit là de vérités incontestables. Nous avons, bien sûr, la liberté de penser différemment le problème de la somme des trois angles d'un triangle, mais pour cela il faudrait nécessairement que nous ne comprenions pas de quoi il s'agit. Seul celui qui ignore la réponse peut penser qu'il a le choix de la réponse. Quant à celui qui comprend la solution, que peut-il faire, sinon accepter ce qui est universel ? En d'autres termes, l'homme est d'autant plus libre qu'il comprend l'universalité de certaines contraintes. Voilà le sens positif du libre arbitre. Comme nous le verrons plus loin, être libre moralement parlant, c'est reconnaître par soi-même la valeur nécessaire de certains comportements.

Fasciné par l'aptitude exceptionnelle des connaissances mathématiques à produire des propositions sûres et de portée universelle, Kant cherchera à conférer la même validité au domaine de l'action. La force des mathématiques réside en ce que leurs démonstrations ne demandent aucun support empirique, c'est-à-dire vérifiable par l'expérience. Leur universalité et leur certitude ne résultent pas de l'observation, elles reposent sur une pure démonstration logique de certaines prémisses. Les mathématiques incarnent l'idéal d'une connaissance *a priori* (au sens d'une connaissance indépendante de l'expérience) parfaitement rigoureuse et produite par les seules opérations logiques de l'esprit humain (voir le tableau *Formes et degrés de la liberté*).

Formes et degrés de la liberté

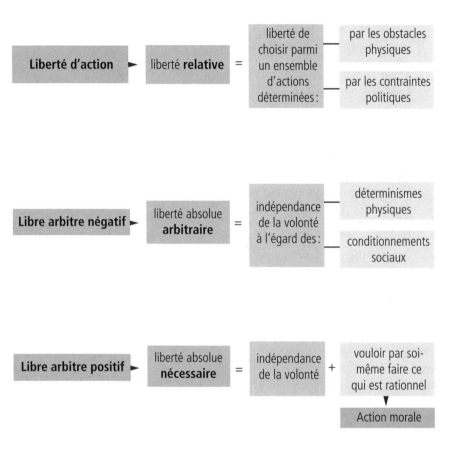

Une conception rationaliste de la liberté

Il importe de savoir que Kant défend en philosophie une approche rationaliste, donc opposée à l'approche empiriste. Rappelons brièvement que le rationalisme englobe les conceptions philosophiques qui, depuis René Descartes au XVIIe siècle, cherchent à déduire les connaissances non pas tant de l'expérience que d'une pensée rationnelle, moulée sur le modèle des mathématiques, c'est-à-dire un système universel de concepts, de jugements et de conclusions. Le rationalisme de Kant s'exprime de la manière suivante : l'expérience ne peut, à elle seule, créer les principes qui rendent possible l'expérience. Autrement dit, pour pouvoir percevoir quelque élément que ce soit de la réalité, par exemple un objet en face de soi, il faut tenir compte des conditions propres à l'esprit humain. Ce qui signifie que notre connaissance de la réalité est dès le départ forgée et orientée par des conditions inhérentes au sujet humain, conditions qui fixent son rapport avec le monde extérieur. La connaissance des conditions et des principes qui précèdent l'expérience et qui donc la rend possible, voilà la tâche de la philosophie telle que l'entend Kant.

Cette façon de poser le problème de la connaissance se répercute inévitablement sur sa manière de penser l'éthique. Fidèle à son rationalisme, Kant soutient que la connaissance des bonnes règles morales (tout comme d'ailleurs la liberté) ne s'explique pas *a posteriori* au moyen de l'expérience ou de l'observation, mais grâce à des

A priori : locution latine signifiant « ce qui est avant, en premier ». Dans son usage contemporain, en philosophie, répandu par Kant, le terme renvoie à la partie de nos connaissances, de nos idées, de nos principes, etc., qui ne dérive pas de l'expérience ou qui ne peut être expliquée par elle. À l'inverse, on appelle *a posteriori* les connaissances qui la présupposent. Chez Kant, les règles morales sont des règles *a priori*, c'est-à-dire des règles obtenues par le travail de la raison, et non le produit de l'observation et de l'expérience.

René Descartes
(1596-1650)

Considéré comme le fondateur de la philosophie moderne, Descartes cherche à construire l'édifice entier du savoir sur de nouvelles bases. Un tel projet n'avait pas été réalisé depuis Aristote. Fasciné par les certitudes des mathématiques, Descartes propose d'appliquer le modèle déductif des démonstrations ma-

René Descartes par Frans Hals (fin du XVIIᵉ siècle).

thématiques à tous les objets de la connaissance afin d'obtenir des certitudes sur le mode matériel. La contribution de Descartes en mathématiques est extrêmement importante. Il invente en 1637 la géométrie analytique, qui consiste à appliquer l'algèbre pour déterminer les dimensions des figures géométriques dans l'espace, mais aussi pour calculer la position d'un point sur un plan.

Parmi ses écrits, soulignons : *Discours de la méthode* (1637) ; *Méditations métaphysiques* (1641) ; *Passions de l'âme* (1649).

principes *a priori* issus de la raison. C'est aussi pourquoi sa philosophie morale prétend à l'universalisme. Son projet consiste à soumettre la sphère de l'agir humain à la raison dans le but explicite de découvrir des principes valables, non seulement dans telle ou telle circonstance, en cas de tel ou tel besoin ou désir, mais pour tout être doté d'une pensée rationnelle, c'est-à-dire d'une raison. Comme nous le verrons, la moralité d'un individu se révèle par sa volonté de faire librement ce que sa raison lui demande d'accomplir. Agir conformément à notre raison, voilà ce qui fait de nous des êtres libres et, par voie de conséquence, des êtres moraux. Cela explique également pourquoi, chez Kant, l'expérience morale se définit d'abord par le travail de la raison avant d'être le lieu de l'expression de la sensibilité humaine (comprise ici comme l'ensemble des désirs, des besoins, des intérêts, des inclinations).

Ce qui ne veut pas dire que l'éthique kantienne cherche à couper l'homme de lui-même, de sa sensibilité ou encore de sa vitalité naturelle, pas plus qu'elle ne vise à promouvoir le modèle d'un homme surhumain. Ce à quoi elle prétend, c'est à marquer le principe par lequel l'être humain peut faire un bon usage de sa liberté. Si ce que nous faisons individuellement vaut en même temps pour tous les sujets rationnels, quels qu'ils soient et quelles que soient leurs conditions d'existence, lesquelles sont contingentes, cela nous assure que notre choix n'est pas l'aboutissement d'un quelconque caprice individuel ou le résultat de la pression sociale et culturelle exercée par les valeurs d'une société donnée sur notre jugement. En somme, pour Kant, le seul moyen d'échapper au relativisme des cultures et à l'arbitraire de nos choix individuels réside dans la possibilité de faire ce que la raison nous indique comme étant nécessaire et universel.

Question de compréhension

Page couverture du
Contrat social

Que penserait Kant de cette réflexion de Jean-Jacques Rousseau déclarant que seule la liberté morale rend l'homme maître de lui et que « l'impulsion du seul appétit est esclavage » ? (JEAN-JACQUES ROUSSEAU. *Du Contrat social* (livre I, chap. 8, p. 188). Paris, Seuil, 1977.)

L'éthique kantienne récuse dès le départ toute considération anthropologique ou psychologique. Si la morale, ainsi que nous l'avons vu plus haut, n'a de réalité que par la possibilité de penser l'action humaine comme libre et si, à son tour, la liberté présuppose l'autonomie du sujet face aux déterminismes naturels et sociaux, il en résulte que la connaissance de la nature humaine n'est d'aucun secours pour savoir ce que nous devons faire. Il appartient à l'essence même de la liberté de refuser toute identification de l'action morale à un processus biologique – identification qui aurait pour effet de réduire la liberté humaine à ce que nous appellerions aujourd'hui une sorte de réflexe conditionné. Car celui qui obéit à ses impulsions, à ses désirs ou à ses besoins du moment, à son caractère (calme ou bouillant), n'est, en fin de compte, pas plus libre que celui qui s'en remet à sa culture ou aux conventions en vogue dans sa société pour le choix de ses actions. De fait, dans les deux cas, il y a absence de libre arbitre, puisque l'agir humain se réduit à un ensemble de causes qui échappent à l'individu et ne sont donc pas de son ressort.

Mais refuser à la nature humaine son autorité en matière de morale s'explique également chez Kant par sa conception anthropologique. Il insiste beaucoup sur le fait que l'être humain est naturellement égoïste, et que cet égoïsme (ou amour de soi) prédomine dans les rapports avec autrui. L'homme, écrit-il, « abuse à coup sûr de sa liberté à l'égard de ses semblables ; et même s'il souhaite, en tant que créature raisonnable, une loi qui mette des bornes à la liberté de tous, son inclination animale et égoïste le conduit cependant à s'en excepter lui-même lorsqu'il le peut[3]. » Voici un magnifique extrait tiré d'un texte de l'auteur consacré à l'égoïsme :

---

3   EMMANUEL KANT. *Idée d'une histoire universelle au point de vue cosmopolitique* (1784). Dans *Œuvres complètes* (collection « La Pléiade », tome II, p. 195). Paris, 1985 © Éditions Gallimard. (Traduit par Luc Ferry.)

« Du jour où l'homme commence à s'exprimer par le moyen du Je, il fait montre, partout où il le peut, de son moi bien-aimé ; l'égoïsme entame sa marche irrésistible ; sinon à découvert (il se heurte alors à l'égoïsme des autres), du moins de manière dérobée, dans une apparence d'abnégation et sous un masque de modestie, destinés à donner d'autant plus sûrement une valeur insigne dans le jugement d'autrui.

L'égoïsme peut porter en lui trois sortes de prétentions : […] il peut être logique, esthétique ou pratique.

L'*égoïsme logique* tient pour inutile de mettre son jugement à l'épreuve de l'entendement d'autrui, tout comme s'il n'avait nul besoin de cette pierre de touche. Or, ce moyen de nous assurer la vérité de notre jugement nous est si certainement indispensable que c'est là peut-être la raison pour laquelle le monde savant réclame à grands cris et avec tant d'insistance *la liberté de la plume* : le refus de celle-là nous ôte du même coup un moyen considérable de vérifier la justesse de nos propres jugements et nous livre à l'erreur. […]

L'*égoïsme esthétique* est celui qui se satisfait de son propre goût, en dépit de toute l'outrance possible des réprobations, des critiques ou même des railleries d'autrui à l'endroit de ses vers, de ses peintures, de sa musique et autres productions. Il se dépouille lui-même de la possibilité de progresser vers le meilleur, en s'isolant avec son jugement, en s'applaudissant et en ne cherchant qu'en lui le seul critère du beau dans l'art.

L'*égoïsme moral*, enfin, est celui qui réduit toutes les fins à sa propre personne, qui ne voit utilité qu'à ce qui lui est utile, ou bien même, en eudémoniste, ne place que dans l'utilité et dans son bonheur personnel, et non dans la représentation du devoir, le déterminant suprême de sa volonté. Car tout homme se faisant des concepts différents de ce qu'il range dans le bonheur, c'est justement le fait de l'égoïste de pousser les choses à n'avoir pas le moindre critère du véritable concept du devoir en tant qu'il doit être de manière absolue un principe de valeur universelle. Tous les eudémonistes sont donc des égoïstes pratiques.

À l'égoïsme on ne peut opposer que le *pluralisme*, c'est-à-dire la manière de penser déterminant à se concevoir et à se conduire non comme le dépositaire du monde entier en son moi, mais comme un simple citoyen du monde[4]. **》》**

Cette citation est sans équivoque : si l'individu n'était pas aussi égoïste, il n'aurait pas tant à attendre de la raison pour lui indiquer un point de vue qui soit acceptable non seulement pour lui, mais aussi pour tous les autres. En somme, du point de vue de la liberté, la morale n'a de sens qu'à la condition de pouvoir suspendre les déterminismes de notre nature qui nous condamnent, le plus souvent, à faire des choix égoïstes.

Questions sur le texte

1. Résumez en une phrase les trois types d'égoïsme mentionnés par Kant et formulez un exemple pour chacun d'eux.

2. Commentez : « À l'égoïsme on ne peut opposer que le *pluralisme*, c'est-à-dire la manière de penser déterminant à se concevoir et à se conduire non comme le dépositaire du monde entier en son moi, mais comme un simple citoyen du monde. »

LA LIBERTÉ COMME ÉPREUVE DE LA VOLONTÉ

Ce qui nous amène à la question suivante : quel principe devons-nous adopter pour donner à la volonté l'autonomie qui lui est nécessaire afin de faire bon usage de notre libre arbitre ? Avant de répondre, il importe de savoir que l'éthique kantienne n'est pas une éthique appliquée mais, comme on l'a dit plus haut, une éthique universaliste, c'est-à-dire une éthique qui ne donne pas de règles morales à suivre pour telle ou telle situation particulière.

---

[4] EMMANUEL KANT. *Anthropologie du point de vue pragmatique* (1798). Dans *Œuvres complètes* (collection « La Pléiade », tome III, p. 947-948). Paris, 1986 © Éditions Gallimard. (Traduit par Pierre Jalabert.)

Or, le principe qui tient lieu de fondement pour l'expérience morale pensée à partir du concept de liberté, Kant le désigne dans *Fondement pour la métaphysique des mœurs* par l'expression de volonté bonne :

« Il n'y a rien de tout ce qu'il est possible de penser dans le monde, et même en général hors du monde, qui puisse être tenu sans restriction pour bon, hormis seulement une VOLONTÉ BONNE. L'intelligence, la vivacité, le jugement, et quels que soient encore les noms des *talents* de l'esprit, ou le courage, la résolution, la constance et la persévérance dans ses desseins, comme qualités du *tempérament*, sont sans conteste à maints égards bons et souhaitables ; mais ils peuvent devenir aussi extrêmement mauvais et nuisibles, lorsque la volonté qui fait usage de ces dons naturels et dont la constitution propre s'appelle pour cette raison le *caractère* n'est pas bonne. Il en va de même des *dons de la fortune*. Le pouvoir, la richesse, les honneurs, la santé elle-même et tout le bien-être et le contentement de son état, connus sous le nom de *bonheur*, donnent de l'ardeur et même assez souvent de l'arrogance, là où il n'y a pas une volonté bonne pour corriger l'influence de ceux-ci sur l'âme ainsi que tout le principe des actions et les faire tendre vers des fins universelles ; sans parler du fait qu'un spectateur raisonnable et impartial ne saurait même jamais éprouver de satisfaction à voir la prospérité ininterrompue d'un être qui ne manifesterait aucun trait d'une volonté pure et bonne, et que la volonté bonne apparaît ainsi comme la condition indispensable pour être seulement digne du bonheur.

Certaines qualités sont même favorables à cette volonté bonne, et peuvent grandement faciliter son œuvre [...] mais présupposent toujours encore une volonté bonne, qui limite l'estime qu'on leur porte d'ailleurs à bon droit et empêche de les tenir pour bonnes purement et simplement. La modération dans les affects et les passions, la maîtrise de soi et la froide réflexion ne sont pas seulement bonnes à toutes sortes de fins, mais semblent même constituer une partie de la valeur *intérieure* de la personne ; pourtant il s'en faut de beaucoup que l'on puisse sans restriction les approuver (bien que les Anciens en aient fait un éloge inconditionnel). Car sans les principes d'une volonté bonne elles peuvent devenir extrêmement mauvaises, et le sang-froid d'un malfaiteur ne le rend pas seulement beaucoup plus dangereux, mais immédiatement aussi plus méprisable à nos yeux qu'il ne l'aurait été sans cela[5]. 》》

Questions sur le texte

1. Désignez les concurrents possibles de la volonté bonne.

2. Expliquez ce passage : « Car sans les principes d'une volonté bonne [ces qualités] peuvent devenir extrêmement mauvaises, et le sang-froid d'un malfaiteur ne le rend pas seulement beaucoup plus dangereux, mais immédiatement aussi plus méprisable à nos yeux qu'il ne l'aurait été sans cela. »

La volonté bonne

D'une certaine manière, ces deux premiers paragraphes de la première section du *Fondement pour la métaphysique des mœurs* contiennent en condensé toute l'éthique kantienne. Dans l'esprit de son auteur, la notion de bonne volonté équivaut à un bien absolu et inconditionnel. Elle traduit la prise en charge de l'action par la raison, en ce sens que agir par bonne volonté c'est, à coup sûr, agir de manière raisonnable et donc libre. Toute autre notion du bien ne peut être, lorsqu'on la compare à celle de bonne volonté, qu'un bien conditionnel et relatif. Cette affirmation renferme quelque chose d'extrêmement provocateur : elle est une condamnation à peine voilée de tous les autres principes moraux élaborés depuis l'Antiquité. En

---

5 EMMANUEL KANT. *Fondement pour la métaphysique des mœurs* (1785) (1ʳᵉ section, p. 15-16). Paris, 2000 © Hatier.

effet, la pensée morale traditionnelle considère souvent l'intelligence, le courage, la tempérance, la prudence ou encore la maîtrise de soi, comme des qualités vertueuses. Or, tous ces traits de caractère n'ont en eux-mêmes rien de moral, puisqu'ils dépendent toujours de l'usage qu'on en fait. Ce qui, pour l'instant, suffit à démontrer que la bonne volonté est nécessairement la condition obligatoire à laquelle doivent se rapporter toutes ces qualités pour se qualifier comme morales. C'est elle qui nous assure, par exemple, qu'être courageux n'aura d'autre fin que de bien agir. Mais, direz-vous, à quoi reconnaît-on une action accomplie par bonne volonté?

À nouveau, reportons-nous à Kant:

« La volonté bonne n'est pas bonne par ce qu'elle effectue et accomplit, ni par sa capacité à atteindre une fin préalablement fixée, mais seulement par le vouloir, c'est-à-dire en soi, et, considérée en elle-même, elle doit être sans comparaison placée bien au-dessus de tout ce qui aura pu être réalisé par elle en faveur d'une quelconque inclination et même, si l'on veut, de la somme de toutes les inclinations. Quand bien même, par le fait d'une défaveur particulière du destin ou par la dotation réduite d'une nature marâtre, cette volonté serait complètement hors d'état de réaliser ses intentions; si elle ne parvenait à rien en dépit des plus grands efforts, et que seule la volonté bonne (certes non pas en tant que simple vœu, mais comme la mise en œuvre de tous les moyens dont elle dispose effectivement) subsistât, celle-ci n'en brillerait pas moins en elle-même tel un joyau, comme quelque chose dont toute la valeur réside en soi-même. L'utilité ou l'inutilité ne peuvent rien ajouter ni soustraire à cette valeur. Elle ne serait en quelque sorte que le sertissage qui permet de la mettre plus aisément en circulation ou d'attirer sur elle l'attention de ceux qui ne sont pas encore suffisamment connaisseurs, mais non de la recommander à des amateurs et de déterminer sa valeur[6]. »

6 EMMANUEL KANT. *Fondement pour la métaphysique des mœurs* (1785) (1ʳᵉ section, p. 16-17). Paris, 2000 © Hatier.

C'est l'intention qui compte

Ce qui détermine la bonne volonté d'un individu n'est donc pas sa capacité à atteindre, par un acte ou par une série d'actes, tel ou tel résultat ou but particulier, mais la pureté de l'intention qui est à l'origine de ce qui l'a poussé à agir. Autrement dit, ce ne sont ni les résultats, ni les conséquences (utiles et inutiles) d'une action qui permettent d'en évaluer la valeur morale. Le succès effectif d'une action n'est pas forcément une preuve de bonne volonté.

Kant s'en prend à la théorie éthique utilitariste qui évalue l'action morale à l'aune de ses conséquences. Si une action est motivée par la seule volonté de bien agir, la moralité, quels qu'en soient ses effets, ne peut en aucun cas être suspectée.

Parce que Kant fait de l'intention de l'agent le critère de la moralité, plusieurs philosophes, Karl Marx entre autres, lui ont souvent reproché de rester indifférent aux résultats souhaitables ou non de l'action et de se servir du critère de la bonne volonté comme d'une excuse ou d'un alibi pour se donner bonne conscience en cas d'échec. Bien qu'attrayante, cette interprétation ne rend toutefois pas justice à l'éthique kantienne. En effet, agir

La bonne volonté selon Karl Marx

Kant se satisfaisait de la simple «bonne volonté», même si elle n'a aucun résultat, et rejeta dans l'au-delà la réalisation de cette bonne volonté, l'harmonie entre elle et les besoins, les instincts des individus. Cette bonne volonté de Kant est le reflet de l'impuissance, de l'accablement et de la misère des bourgeois allemands [...].

KARL MARX et FRIEDRICH ENGELS. *L'idéologie allemande* (1846) (partie III, p. 165). Paris, Éditions Sociales, 1982.

Karl Marx
(1818-1883)

Karl Marx en 1875.

Philosophe, économiste et théoricien socialiste, Karl Heinrich Marx, est né le 5 mai 1818 à Trèves, en Rhénanie, et il est mort à Londres le 14 mars 1883. De tous les philosophes, Marx est incontestablement celui qui a eu la plus grande influence sur l'évolution des sociétés contemporaines. À peine soixante-dix ans après sa mort, près du tiers de l'humanité a cherché à vivre sous des gouvernements se réclamant de ses idées. Ce phénomène est d'autant plus exceptionnel que l'application du marxisme a été, dans les sociétés qui s'en sont inspirées, un échec lamentable. Malgré tout, la force des idées de Marx demeure intacte, à commencer par sa critique du capitalisme. Il a montré comment la machine domine le processus auquel les travailleurs doivent se soumettre. Pour lui, la monotonie du travail et les mauvaises conditions auxquelles les hommes sont réduits au sein du processus industriel prouvent le caractère égoïste de l'économie capitaliste et son mépris de la personne humaine comme telle.

Parmi ses œuvres, soulignons : *Misère de la philosophie* (1847) et *Le Capital, critique de l'économie politique* (tome I, 1867, les tomes II et IV ont été publiés après sa mort grâce à Friedrich Engels) ; *L'idéologie allemande* (1846) et *Manifeste du parti communiste* (1848) ont été écrits en collaboration avec Friedrich Engels (1820-1895).

par bonne volonté implique forcément que tout soit mis en œuvre (efforts, moyens, temps) pour qu'elle se réalise. Mais si, pour des raisons ou des facteurs physiques, psychologiques, intellectuels, économiques ou autres qui échappent à la volonté, le résultat de l'action se solde par un échec, la valeur de celle-ci est aussi morale que si elle avait réussi. Il serait inhumain de tenir pour responsable l'individu à cause de circonstances qui échappent à son contrôle. Sur le plan moral, ce qui importe, c'est de savoir uniquement si l'intention qui préside à l'acte est réelle ou illusoire. Et l'intention est réelle lorsqu'on fait tout ce qu'il est possible de faire pour qu'elle réussisse. Par exemple, si vous sautez à l'eau pour sauver un individu de la noyade et que, par manque de forces, vous ne parvenez pas à lui sauver la vie, que peut-on vous reprocher ? Peut-on vous juger responsable de ne pas lui avoir épargné une mort dramatique si vous avez fait tout ce qui était en votre pouvoir pour le secourir ? D'après Kant, il serait injuste de vous tenir responsable de cet échec. Bien plus, votre action a une valeur morale beaucoup plus grande que dans le cas où votre démarche aurait été motivée non pas par la seule intention de le sauver, mais par le souci de vous faire remarquer par les gens qui assistent à l'événement, et ce, même dans le cas où vous auriez réussi à le sortir de l'eau sain et sauf. Aimer se faire remarquer n'est pas un crime et n'a rien de répréhensible, toutefois votre geste aurait peu de valeur morale puisque votre intention découlerait du désir égoïste de vous mettre en valeur.

Questions de compréhension

Commentez les citations suivantes en vous appuyant sur la conception kantienne de la bonne volonté :

a. « Ce sont toujours les gens animés des meilleures intentions qui deviennent des monstres » (Frédéric Beigbeder, *99 francs*).

b. « L'enfer est pavé de bonnes intentions » (attribué à Samuel Johnson).

Attention à la sensibilité

On commence à mieux comprendre les raisons qui amènent Kant à établir ainsi une séparation entre l'intention et le résultat. Il s'agit d'indiquer clairement combien tout ce qui relève de la sensibilité doit être exclu de la moralité. Est-ce à dire qu'il condamne les sentiments humains ? Au contraire, il pense que les sentiments de sympathie et même, à la limite, ceux de rivalité entre les individus ont des effets bénéfiques sur l'organisation de la vie sociale. Le heurt des intérêts égoïstes par lesquels chacun cherche naturellement à surpasser l'autre est, estime Kant, un des facteurs qui pourrait avoir le plus contribué à la survie de l'espèce et au progrès de la civilisation. Ce qui revient à dire que celui qui agit par affectivité, par inclination, par désir ou encore par intérêt n'est pas forcément un être immoral. Par contre, ce qui n'est pas immoral n'est pas pour autant moral.

Question de compréhension

Trouvez des exemples qui illustrent l'affirmation kantienne selon laquelle ne pas être immoral ne prouve pas qu'on soit moral.

Dans la perspective de Kant, la question n'est jamais de savoir ce que représente la valeur de nos actions relativement à nos penchants naturels. S'il en était ainsi, agir moralement reviendrait à choisir l'action qui, pour une situation donnée, produit le plus de plaisir. Or, nous avons vu plus haut que la moralité présuppose que l'homme puisse s'élever au-dessus du domaine de la sensibilité, des intérêts, des avantages et des sentiments personnels de façon à pouvoir poser objectivement la question: que devons-nous faire sans penser aux avantages que nous pourrions personnellement en retirer ? Il ne s'agit pas d'étouffer les sentiments en nous, de rejeter la puissance et la spontanéité de l'être humain, mais de savoir si nous sommes capables de donner tort à ceux qui affirment que toutes les actions humaines s'expliquent par le seul fait de l'égoïsme. Au risque de nous répéter, quel mérite y a-t-il à accomplir telle ou telle action si ce qui a été décidé ne traduit en nous que le déterminisme de nos besoins et de nos désirs ? En somme, la notion de bonne volonté nous amène tout simplement à nous demander si nous avons suffisamment de volonté pour faire ce que nous pensons devoir faire. Toute la question est de savoir si nous avons assez de courage pour être moral. Car il faut beaucoup de volonté pour pouvoir librement décider par soi-même. Et ce problème est loin d'être théorique. Combien de fois ne vous est-il pas arrivé de vous demander si vous auriez assez de volonté pour réaliser les projets qui vous tiennent à cœur ? Leur réussite dépend en grande partie de la force que nous avons de ne pas baisser les bras devant les obstacles qui surgissent. L'action morale ressemble beaucoup à cette dé-marche, à la différence près que, dans le cas de la morale, ce que nous cherchons, c'est que notre volonté puisse demeurer libre et donc lucide lorsque viendra le temps de faire des choix. En cela, l'action morale apparaît comme l'épreuve ultime de la volonté.

LA RECHERCHE DU BONHEUR COMME NÉGATION DE LA BONNE VOLONTÉ

À chacun son bonheur

Une des conséquences les plus frappantes de l'exclusion de la sphère de la sensibilité du domaine de la liberté concerne le statut du bonheur. Commençons par nous poser une question : agissons-nous par bonne volonté afin d'être heureux ? La réponse est non. Cette affirmation a de quoi choquer, mais n'allons pas trop vite ! Si Kant refuse de confondre l'action morale avec la recherche du bonheur, ce n'est pas par mépris à l'endroit de cette force qui pousse chacun d'entre nous à rechercher naturellement les moyens propres à satisfaire nos inclinations, besoins, désirs, etc. Il serait en effet insensé de condamner une tendance inscrite au cœur même des hommes et que tous poursuivent instinctivement. D'un point de vue historique, c'est sans doute ce qui explique pourquoi les doctrines morales fondées sur la recherche du bonheur, dites eudémonistes, ont été florissantes tout au long de l'histoire de la pensée occidentale, à commencer par l'éthique d'Aristote. Partant de l'idée que la quête du bonheur est une fin universelle de l'action humaine, ce philosophe a fait de cette tendance le critère ultime de la morale.

> Il n'y a rien de plus naturel que la recherche du bonheur, estime Kant. Le bonheur civilise l'homme. Car, à bien y regarder, qu'est-ce qui pousse les hommes à transformer leur environnement en société complexe, à s'instruire, à faire du commerce, de l'industrie, etc., sinon le bonheur ? Malgré tout, il faut choisir : le bonheur ou la moralité ?

Quant à Kant, loin d'exiger de nous la décision de renoncer au bonheur, il estime au contraire que tout individu doit travailler à son propre bonheur ainsi qu'à celui des autres. Mais, ajoute-t-il, puisque la tendance au bonheur renvoie à la dimension affective et animale de l'être humain, elle perd du même coup sa valeur. La recherche du bonheur est de l'ordre de la nature, et non de la raison. Elle relève de la psychologie animale et, en cela, elle n'est pas le produit de la liberté. Tel est le paradoxe de l'éthique kantienne signalé plus haut : si la liberté fait de nous des sujets moraux, la bonne volonté, à son tour, exige que nous nous soumettions à ce que notre raison nous commande de faire afin de témoigner de notre liberté. Et

Aristote
(384-322 av. J.-C.)

La philosophie d'Aristote impressionne par la diversité des thèmes abordés et par son caractère encyclopédique. Elle trace les grandes lignes de la différenciation de la connaissance en disciplines séparées (la psychologie, la physique, la zoologie, la rhétorique, l'éthique, etc.). On doit également à Aristote de nombreux termes techniques toujours utilisés aujourd'hui comme ceux de démonstration, énergie, dynamique, pro-

Buste d'Aristote en marbre. Copie romaine d'un original grec en bronze par Lysippe (v. 330 av. J.-C.), Palais Altemps, Rome.

priété, accident, substance, attribut, proposition, universel, etc. À vrai dire, la philosophie d'Aristote, qui domina l'Occident pendant plus de deux millénaires, est au fondement de la pensée occidentale.

L'éthique d'Aristote est une éthique du bonheur et de la vertu. Pour Aristote, toute chose a une fonction et à chaque fonction correspond une vertu ou une excellence. Ce qui signifie qu'une chose atteint le meilleur d'elle-même, c'est-à-dire sa vertu, lorsqu'elle réalise au mieux sa fonction. Par exemple, l'oreille est faite pour entendre et non pour entendre à moitié. Il en va de même pour l'homme. Il est fait pour quelque chose. Or, la fonction propre à l'homme est à trouver dans ce qui lui est spécifique par rapport aux autres vivants : la raison. Par conséquent, le bonheur réside dans la capacité à réaliser par un choix réfléchi et par entraînement ce qu'il y a de meilleur en nous. En d'autres termes, la pratique de la bonne vie comme recherche du bonheur se trouve chez l'individu capable de faire, quand la situation le demande, des efforts soutenus et répétés sur lui-même et sur ses désirs, afin de développer des attitudes et des comportements qui témoignent de l'excellence de son caractère et de son tempérament. Si tout homme, comme l'affirme Aristote, cherche le bonheur, au sens d'une vie réussie, accomplie et pleine, encore faut-il que l'homme connaisse les fins auxquelles sont subordonnées ses actions concrètes pour arriver au bonheur. Seul peut être heureux celui qui est capable de réaliser la fonction pour laquelle il est fait.

Parmi ses écrits, soulignons : *Éthique à Nicomaque* ; *Politique* ; *Rhétorique* ; *Physique* ; *Métaphysique* ; *De l'Âme* ; *La Poétique*.

Le bonheur est l'état dans le monde d'un être raisonnable, pour qui, dans toute son existence, tout va selon son désir et sa volonté, et il repose par conséquent sur l'accord de la nature avec le but tout entier poursuivi par cet être, de même qu'avec le principe déterminant essentiel de sa volonté.

EMMANUEL KANT. *Critique de la raison pratique* (1788). Dans *Œuvres complètes* (collection « La Pléiade », tome II, p. 760). Paris, 1985 © Éditions Gallimard. (Traduit par Luc Ferry et Heinz Wismann.)

c'est pourquoi il nous faut choisir : le bonheur ou la moralité ? Autrement dit, ou bien nous soumettons notre volonté aux conditions qui contribuent à notre bonheur et, dans ce cas, nous courons inévitablement le risque de devenir la marionnette de nos inclinations ; ou bien nous cherchons à vaincre les contraintes qui nous empêchent de faire un choix libre.

Du point de vue de la bonne volonté, ce n'est qu'à cette condition que la poursuite du bonheur a de la valeur pour l'homme. Cette tâche est cependant énorme. Elle demande à chacun beaucoup d'efforts et de détermination, et c'est pourquoi il est si facile d'y renoncer. Cela s'explique par le fait que la liberté, à l'inverse du bonheur, ne s'achète pas. Sa valeur n'a pas de prix ! Pourtant, essayez d'imaginer ce que peut être pour l'homme le bonheur sans liberté. Il ne serait pas si différent de l'état de bien-être qui est celui des animaux. Ceux qui possèdent un animal domestique savent très bien ce qu'il faut faire pour le rendre heureux. Qui pourtant voudrait d'un tel bonheur ? Personne, car si tel était le cas, l'homme le plus heureux serait à coup sûr celui qui serait le plus inconscient. Autrement dit, la poursuite du bonheur est une disposition naturelle qui pousse tout être vivant à acquérir ce qu'il croit indispensable à la satisfaction de ses désirs et, partant, dépend des possibilités qu'offrent les différentes sociétés humaines pour satisfaire l'ensemble de ses penchants. Il suffit, pour s'en convaincre, de constater combien la tendance au bonheur varie avec les individus et les communautés humaines. Pour les uns, c'est l'amour, pour d'autres, la profession, l'argent, la gloire, la famille, etc. Le bonheur est à ce point conditionné par une multiplicité de facteurs tant individuels que collectifs (éducation, tempérament, valeurs sociales, etc.) que sa réalisation n'est jamais garantie. En d'autres termes, bien que tout le monde aspire à une vie heureuse, la diversité des choix fait que nul ne sait comment devenir heureux, ou encore ne sait véritablement ce qu'il veut pour l'être. Ce qui fera dire à Kant que le bonheur est un idéal de l'imagination et non de la raison, c'est-à-dire un concept aux contours flous et indéterminés, qui se heurte inévitablement à l'écueil du relativisme.

Dans cet extrait de la première section du *Fondement pour la métaphysique des mœurs*, Kant aborde la question du bonheur :

« Dans les dispositions naturelles d'un être organisé, c'est-à-dire constitué en vue de la vie, nous supposons, à titre de principe, qu'on ne peut trouver d'outil pour une quelconque fin, qui ne soit le mieux venu et le plus approprié. Si donc chez un être qui a la raison et une volonté, sa *conservation*, son *bien-être*, en un mot son *bonheur* était le but véritable de la nature, celle-ci aurait très mal mis en œuvre son projet en prévoyant de faire de la raison de la créature l'exécutrice de cette sienne intention. Car toutes les actions qu'il doit accomplir dans cette intention et toute la règle de son comportement lui seraient bien plus précisément tracées par son instinct, et cette fin aurait ainsi pu être bien plus sûrement réalisée que ne le fera jamais la raison ; et si celle-ci devait par surcroît échoir à une telle créature comme une faveur, elle n'aurait dû lui servir qu'à considérer l'heureuse disposition de sa nature, l'admirer, s'en réjouir et en être reconnaissante à la cause bienfaitrice de ces choses ; et non pour qu'il soumette sa faculté de désirer à cette direction faible et trompeuse et gâche l'intention de la nature ; en un mot, la nature aurait évité que la raison ne quittât l'*usage pratique* et ne prétendît, avec ses faibles vues, concevoir le projet du bonheur et les moyens d'y parvenir ; la nature n'aurait pas seulement choisi elle-même les fins, mais aussi les moyens et confié avec une sage prévoyance les unes et les autres au seul instinct.

De fait, nous voyons aussi que, plus une raison cultivée se consacre à l'intention de jouir de la vie et du bonheur, plus l'homme s'éloigne du véritable contentement, d'où naît chez beaucoup et surtout chez ceux qui sont les plus avancés dans l'usage de celle-ci, lorsqu'ils sont seulement assez honnêtes pour le reconnaître, un certain degré de *misologie*, c'est-à-dire de la haine de la raison, parce qu'après avoir estimé tout l'avantage qu'ils tirent, non pas seulement de l'invention de tous les arts du luxe commun, mais même des sciences (qui leur semblent être elles aussi, pour finir, un luxe de l'entendement), ils trouvent néanmoins qu'ils se sont effectivement attirés plus de peine qu'ils n'ont gagné de bonheur, et en arrivent ainsi à envier plus qu'à mépriser l'humanité ordinaire, plus proche de la conduite du simple instinct naturel et qui ne laisse pas beaucoup d'influence à la raison sur ses faits et gestes. Et au moins faut-il bien reconnaître que le jugement de ceux qui modèrent ou même réduisent à néant les glorifications pompeuses des avantages que nous procurerait la raison pour ce qui concerne le bonheur et le contentement de la vie, n'est aucunement grincheux ou ingrat à l'égard de la bonté du gouvernement du monde ; ces jugements sont au contraire porteurs de l'idée qu'une tout autre fin, beaucoup plus digne, est au fondement de leur existence, à laquelle, plutôt qu'au bonheur, la raison est proprement vouée, et à laquelle, en tant que condition suprême, l'homme doit, dans la plupart des cas, subordonner ses intentions particulières.

Car, comme la raison n'est pas en mesure de conduire sûrement notre volonté, à l'égard de ses objets et de la satisfaction de tous nos besoins (qu'en partie elle démultiplie elle-même), fin à laquelle un instinct naturel inné aurait conduit de façon beaucoup plus certaine, mais que néanmoins la raison nous a été attribuée comme pouvoir pratique, c'est-à-dire qui doit avoir de l'influence sur la *volonté*, sa véritable destination doit être de produire une *volonté bonne* non pas comme *moyen* en vue d'autre chose, mais *en elle-même*; ce pour quoi la raison était requise, là où la nature a partout ailleurs œuvré avec discernement dans la répartition de ses dispositions. Cette volonté ne doit donc certes pas être le seul bien ni le bien tout entier, mais elle doit être le bien suprême et la condition dont dépend tout le reste, même toute aspiration au bonheur. On peut dans ce cas fort bien accorder avec la sagesse de la nature le fait que la culture de la raison, exigée par le premier de ces desseins, qui est inconditionné, limite de maintes manières, du moins en cette vie, l'accomplissement du second dessein, le bonheur, toujours conditionné, et même qu'elle peut le réduire à moins que rien. La nature n'agit pas en cela de manière inconséquente, parce que la raison, qui reconnaît sa destination pratique la plus haute dans l'établissement d'une volonté bonne, ne peut trouver, dans la réalisation de ce dessein, qu'une satisfaction qui lui soit conforme, en accomplissant une fin qui n'est déterminée elle aussi que par la raison, quand bien même cet accomplissement porterait atteinte aux fins de l'inclination[7]. 〉〉

Questions sur le texte

1. Dans le premier paragraphe, Kant montre que l'instinct est un « outil » beaucoup mieux approprié que la raison pour nous rendre heureux. Expliquez pourquoi.

2. Commentez et expliquez la comparaison que fait Kant, dans le second paragraphe, entre le développement de la raison et la recherche du bonheur.

3. Expliquez ce passage tiré du dernier paragraphe : « [...] la raison nous a été attribuée comme pouvoir pratique, c'est-à-dire qui doit avoir de l'influence sur la *volonté*, sa véritable destination doit être de produire une *volonté bonne* non pas comme *moyen* en vue d'autre chose, mais en elle-même ».

---

[7] EMMANUEL KANT. *Fondement pour la métaphysique des mœurs* (1785) (1re section, p. 17-20). Paris, 2000 © Hatier.

Question de compréhension

Kant serait-il d'accord avec cette affirmation de Freud : « [...] on serait tenté de dire qu'il n'est point entré dans le plan de la "création" que l'homme soit "heureux" » ? (Sigmund Freud. *Malaise dans la civilisation* (1929) (p. 20). Paris, 1971 © PUF).

La liberté n'est pas le bonheur

Ce qui précède montre à quel point l'intention de Kant n'est pas de condamner le bonheur au nom d'une conception ascétique de l'existence humaine, mais tout simplement de reconnaître l'impuissance de la morale à nous dévoiler le chemin du bonheur. Par ailleurs, toute tentative visant à fonder la morale sur la recherche du bonheur équivaut à une négation de l'action morale au sens où l'entend Kant. Car s'il est vrai, comme on l'a montré plus haut, que la condition de tout acte moral implique la possibilité d'être imputable à l'homme, la tendance au bonheur contredit cette possibilité. Autrement dit, la personne qui met sa raison au service du bonheur perd du même coup l'autonomie de son jugement, et donc sa liberté : elle devient le jouet des impulsions attribuables à sa nature biologique. Il serait toutefois inexact d'affirmer qu'agir moralement condamne à être malheureux tout au long de la vie. La morale est plutôt ce qui donne à la quête du bonheur une signification humaine, elle autorise à espérer la possibilité d'un bonheur qui soit à la hauteur de la liberté. Encore une fois, un tel bonheur n'a pas de prix. Il ne s'achète pas comme un quelconque objet de consommation. Il est unique.

« C'est un devoir de veiller à son propre bonheur (au moins indirectement), car l'absence de contentement de son état, dans une cohorte de nombreux soucis, au milieu de besoins insatisfaits, pourrait aisément devenir une grande *tentation de transgresser ses devoirs*. Mais sans même considérer le devoir, tous les hommes ont d'eux-mêmes l'inclination au bonheur la plus puissante et la plus intime, parce que dans cette idée justement toutes les inclinations s'unissent en une somme. Or le précepte qui commande de travailler à son bonheur est souvent ainsi fait qu'il porte un grand préjudice à quelques inclinations, et que l'homme ne peut pourtant pas se donner un concept déterminé et sûr de la somme de toutes les satisfactions comprises sous le nom de bonheur. Il ne faut donc pas s'étonner qu'une seule inclination déterminée, eu égard à ce qu'elle promet, et au temps nécessaire à sa satisfaction, puisse supplanter une idée vacillante, et que l'homme, par exemple un goutteux, puisse choisir de jouir de ce qu'il aime, quitte à souffrir ensuite autant qu'il pourra le supporter, parce que d'après son estimation il ne s'est pas privé, au moins dans ce cas, de jouir de l'instant présent à cause d'espérances peut-être dénuées de fondement en un bonheur qui est censé se trouver dans la santé. Mais là encore, si ce n'est pas l'inclination universelle au bonheur qui a déterminé sa volonté, si cette fois la santé n'entrait pas pour lui de façon aussi nécessaire dans son estimation, il reste néanmoins, comme dans tous les autres cas, une loi, à savoir de promouvoir son bonheur, non par inclination, mais par devoir, et c'est seulement alors que son comportement prend sa véritable valeur morale[8]. 》》

Questions sur le texte

1. Pourquoi l'individu insatisfait a-t-il, comme l'écrit Kant, plus de chance « de transgresser ses devoirs » ?

2. Que veut nous faire comprendre Kant avec l'exemple de la personne atteinte de la goutte, maladie qui occasionne de douloureuses déformations des articulations ?

---

[8] EMMANUEL KANT. *Fondement pour la métaphysique des mœurs* (1785) (1re section, p. 23-24). Paris, 2000 © Hatier.

Enfin, la question du bonheur relève indirectement du domaine du politique. Il revient au législateur de promulguer des lois qui respectent la personne dans sa quête de bonheur. Une société juste n'a pas à fixer les lois qui dictent aux citoyens la façon d'être heureux, mais doit veiller à ce que chacun puisse librement choisir comment il souhaite l'être. Dans un essai intitulé *Sur le lieu commun : il se peut que ce soit juste en théorie, mais, en pratique, cela ne vaut point*, Kant écrit :

> « [...] personne ne peut me contraindre à être heureux à sa manière (comme il se représente le bien-être d'un autre homme), mais chacun a le droit de chercher son bonheur suivant le chemin qui lui paraît personnellement être le bon, si seulement il ne nuit pas à la liberté d'un autre à poursuivre une fin semblable, alors que cette liberté peut coexister avec la liberté de tous d'après une loi générale possible (c'est-à-dire s'il ne nuit pas à ce droit d'autrui)[9]. »

L'OBLIGATION MORALE REND LIBRE

Nous savons maintenant que l'action accomplie par bonne volonté implique qu'on fasse place à la liberté avant de rechercher le bonheur. Mais est-ce vraiment possible de rechercher la liberté sans penser à son bonheur ? Peut-être que la plupart de nos actions s'expliquent par des mobiles qui échappent à notre volonté ? Le XXe siècle nous a d'ailleurs beaucoup appris sur les mobiles de nos actes. Il suffit de penser aux travaux de Sigmund Freud ou à la neurobiologie pour douter de la personne qui prétend agir uniquement au nom

---

9   EMMANUEL KANT. *Sur le lieu commun : il se peut que ce soit juste en théorie, mais, en pratique, cela ne vaut point* (1793). Dans *Œuvres complètes* (collection « La Pléiade », tome III, p. 271). Paris, 1986 © Éditions Gallimard.

Sigmund Freud
(1856-1939)

L'œuvre de ce médecin neuropsychiatre, fondateur de la psychanalyse, a profondément marqué notre temps. Freud a obligé la philosophie à remettre en question l'identification du sujet avec la conscience. L'homme n'est pas au centre de ses pensées. Le sentiment quotidien d'avoir la pleine maîtrise de soi est l'illusion d'un être

Freud en 1926, par Ferdinand Schmutzer.

toujours décentré par rapport à lui-même, dit-il. Il ne croit pas que l'être humain soit réellement capable d'agir par bonne volonté, tant la puissance de ses désirs lui porte ombrage.

Parmi ses écrits, soulignons : *L'Interprétation des rêves* (1900) ; *Trois essais sur la théorie de la sexualité* (1905) ; *Cinq leçons sur la psychanalyse* (1910) ; *Introduction à la psychanalyse* (1916) ; *Essais de psychanalyse* (1927) ; *Malaise dans la civilisation* (1930).

d'une bonne intention morale. Kant lui-même est d'avis qu'il est difficile de savoir si nos actes, même les plus désintéressés en apparence, ne sont pas finalement un pur produit de notre égoïsme naturel :

« De fait, il est absolument impossible d'établir par expérience, avec une entière certitude, un seul cas où la maxime d'une action par ailleurs conforme au devoir ait uniquement reposé sur des principes moraux et sur la représentation du devoir. Car s'il arrive sans doute parfois que l'examen de soi le plus rigoureux ne trouve rien, en dehors du principe moral du devoir, qui aurait pu être assez puissant pour nous amener à telle ou telle bonne action et à un tel dévouement, il ne peut pas en être conclu de façon véritablement certaine qu'aucune impulsion secrète de l'amour de soi n'ait été,

Mobile ou motif?

Pour bien comprendre le terme de *mobile*, il importe de le distinguer de la notion de *motif*. Agir par mobile, pour Kant, renvoie à une action déterminée par un principe subjectif. Le mobile est de l'ordre du désir et de l'inclination. À l'inverse, agir par motif renvoie à une action déterminée par un principe objectif et rationnel.

sous le couvert de cette idée, la véritable cause déterminante de la volonté. De fait, nous nous flattons volontiers en nous attribuant faussement un principe de détermination plus noble, alors qu'en réalité même l'examen le plus attentif ne pourrait jamais découvrir entièrement les mobiles secrets, car, lorsqu'il s'agit de la valeur morale, ce ne sont pas les actions telles qu'on les voit qui comptent, mais leurs principes intérieurs, qu'on ne voit pas[10].》》

Question sur le texte

Expliquez en vos mots ce que veut dire Kant lorsqu'il écrit : « [...] ce ne sont pas les actions telles qu'on les voit qui comptent, mais leurs principes intérieurs, qu'on ne voit pas ».

Alors, de quels moyens disposons-nous pour écarter tout mobile suspect à l'origine de nos actes ? À quel principe devons-nous obéir pour être assurés de notre bonne volonté ? Allons droit au but, la réponse est : la notion de devoir. Puisque tout être vivant obéit naturellement et spontanément à ses inclinations, le caractère nécessaire et obligé de la morale ne peut s'adresser qu'à des êtres qui n'agissent pas d'emblée moralement. Si l'homme était purement raisonnable et si, de ce fait, on était assuré de l'absence de mobiles égoïstes à la source de nos actes, la notion de devoir serait un concept superflu et inutile. Mais parce que nous sommes constamment assujettis à nos besoins, à nos désirs, il n'est rien qui nous permette de penser que notre volonté puisse choisir librement. La seule ma-

---

[10] EMMANUEL KANT. *Fondement pour la métaphysique des mœurs* (1785) (2ᵉ section, p. 36). Paris, 2000 © Hatier.

nière de s'en assurer, dit Kant, consiste à postuler une obligation qui s'impose à nous de manière inconditionnelle.

Pour éviter toute ambiguïté, il importe cependant de distinguer l'obligation morale de la simple contrainte. Agir par contrainte n'est pas la même chose qu'agir par devoir. C'est ce que Jean-Jacques Rousseau, avant Kant, faisait déjà remarquer en affirmant qu'un peuple soumis à la contrainte d'un tyran n'a aucun devoir à son égard. Dans la contrainte, il n'y a rien à décider, rien qui vienne de soi. Celui qui trébuche en marchant ne demande pas à tomber selon les lois de la gravitation. En ce sens, la contrainte est privation et négation de la liberté. À l'inverse, le devoir doit être compris comme une obligation qui, loin de contraindre à quoi que ce soit, est au contraire ce qui rend libre. Car la personne capable par elle-même de comprendre le caractère obligé ou prohibé de certaines actions ne se sent pas limitée ou tenue de les respecter, elle se sent libre : elle a compris pourquoi il en va ainsi. En ce sens, l'obligation morale naît avec la liberté, elle est un engagement et un consentement de soi qui mobilise notre conscience et notre volonté. Comme le disait Jean-Jacques Rousseau :

Une éthique déontologique

En accordant une grande importance à la notion de devoir, l'éthique kantienne défend une approche déontologique de la morale. Pour éviter toute confusion, il faut distinguer entre l'usage courant du terme et son sens philosophique. Suivant le premier, le terme de *déontologie* désigne l'ensemble des obligations auxquelles se soumet l'individu dans l'exercice de sa profession. C'est en ce sens que l'on parle des différents codes d'éthique professionnels (ceux des médecins, des architectes, des policiers, etc.). Par contre, d'un point de vue philosophique, l'expression de déontologie renvoie à l'ensemble des théories morales qui défendent l'idée que certaines actions sont impérativement interdites ou exigées.

« L'obéissance à la loi qu'on s'est prescrite est liberté[11]. »

---

[11] JEAN-JACQUES ROUSSEAU. *Du contrat social* (livre I, chapitre VIII, p. 188). Paris, Seuil, 1977.

Jean-Jacques Rousseau
(1712-1778)

Jean-Jacques Rousseau est l'un des penseurs européens les plus influents du XVIIIe siècle. Son œuvre a nourri les mouvements politiques qui ont mené à la Révolution française. On le considère également comme un précurseur du mouvement romantique, de par sa critique de la raison et sa glorification des sentiments. Sa conception de la culture s'oppose à celle, fort répandue à l'époque des Lumières, qui voit dans le progrès scientifique la source du bien-être, le signe d'un progrès moral de l'humanité. Pour Rousseau, l'homme des origines est un être libre et bon. C'est le développement de la science et du savoir qui enlève à l'homme sa simplicité naturelle et engendre la désunion de l'homme d'avec lui-même et avec les autres. Kant sera profondément marqué par cette thèse de Rousseau : « Je suis par goût un chercheur. Je sens la soif de connaître tout entière, le désir inquiet d'étendre mon savoir, ou encore la satisfaction de tout progrès accompli. Il fut un temps où je croyais que tout cela pouvait constituer l'honneur de l'humanité, et je méprisais le peuple, qui est ignorant de tout. C'est Rousseau qui m'a désabusé. Cette illusoire supériorité s'évanouit ; j'apprends à honorer les hommes ; et je me trouverais bien plus inutile que le commun des travailleurs, si je ne croyais que ce sujet d'étude peut donner à tous les autres une valeur qui consiste en ceci : faire ressortir les droits de l'humanité. »

EMMANUEL KANT. *Observations sur le sentiment du beau et du sublime* (p. 66). Paris, Vrin, 1969.

Parmi ses écrits, soulignons : *Discours sur l'origine et les fondements de l'inégalité parmi les hommes* (1755) ; *Julie ou La Nouvelle Héloïse* (1761) ; *Émile ou De l'éducation* (1762) ; *Du Contrat social* (1762).

Jean-Jacques Rousseau, par Maurice Quentin de La Tour (1753).

L'action conforme au devoir et l'action accomplie par devoir

Quant à Kant, pour expliquer comment le devoir s'impose au sujet sans pour autant le contraindre à quoi que ce soit, il établit une distinction fondamentale entre deux types d'agir :

- *l'action conforme au devoir ;*
- *l'action accomplie par devoir.*

Cette façon de diviser les actions humaines montre dès le départ que ce ne sont pas les actions immorales qui intéressent Kant, c'est-à-dire celles qui vont à l'encontre du devoir, mais celles qui ont une apparence de moralité. Car, insiste-t-il, la conformité d'une action au devoir n'est jamais suffisante pour garantir sa valeur morale ; elle ne prouve tout au plus que sa légalité, et non sa moralité. Cette réserve est lourde de conséquences : elle permet de ne pas réduire la moralité à ce qui est légal dans une collectivité, c'est-à-dire aux lois et aux mœurs d'une société et, partant de là, elle devient une arme redoutable pour condamner les abus du pouvoir politique. En somme, au nom de la capacité du sujet humain à juger par lui-même, il importe de distinguer l'obligation sociale de l'obligation morale.

La question n'est pas de savoir si ce que nous faisons est conforme ou non à ce que font les autres ou à ce qu'ils s'attendent de nous, mais de savoir si ce que nous faisons rend compte de la liberté de notre jugement. Kant défend une éthique individuelle, c'est-à-dire une éthique qui se préoccupe davantage de l'aspect personnel de l'action que de sa dimension collective et politique. Une action peut très bien être conforme au devoir, mais accomplie pour d'autres raisons que le devoir ou encore coïncider accidentellement avec le devoir.

Prenons l'exemple d'un commerçant qui est honnête avec ses clients pour des raisons de rentabilité financière ou commerciale. Quelle valeur morale faut-il attribuer à sa probité ? Son comportement n'a certes rien d'immoral. Tous les intéressés y trouvent leur compte, le propriétaire comme les clients. Qui plus est, il ne contrevient à aucune loi civile existante. Néanmoins, une telle attitude ne saurait passer pour un témoignage de moralité, car cette honnêteté est mise au service d'intérêts qui, eux, n'ont rien de moral. Autrement dit, le comportement de notre individu n'est pas celui d'un homme de bonne volonté, mais bien plutôt le résultat d'un calcul intéressé.

Examinons un autre exemple, celui de quelqu'un qui aime soulager la misère des gens qui l'entourent. À première vue, on ne voit pas très bien ce qu'on peut lui reprocher ; il n'y a en effet rien d'immoral à être animé par de bons sentiments à l'égard des autres. Pourtant, aux yeux de Kant, ce genre de comportement n'a pas davantage de valeur morale que celui d'un individu mégalomane dont les actions coïncident avec l'intérêt public. Être altruiste par inclination ou par spontanéité de cœur revient à se faire plaisir à soi-même – ce qui est le contraire de l'altruisme ! C'est pourquoi il est beaucoup plus facile de s'assurer de la moralité d'une action lorsque celle-ci va à l'encontre de nos penchants et de nos intérêts particuliers : on peut alors être assuré d'avoir agi d'un point de vue strictement rationnel. Kant écrit :

« La bienfaisance est un devoir, lorsqu'on en a les moyens, et de plus il y a des âmes si compatissantes, qu'en dehors même de tout autre mobile de vanité ou d'intérêt, elles éprouvent un plaisir intérieur à répandre la joie autour d'elles et peuvent trouver leur contentement dans la satisfaction d'autrui, dans la mesure où elle est leur œuvre. Mais je prétends qu'une telle action, aussi conforme au devoir et aimable qu'elle puisse être, n'a pas de véritable valeur morale mais va de pair avec d'autres inclinations, par exemple l'inclination aux honneurs qui, lorsque par chance elle se fixe sur ce qui est de fait utile à tous et conforme au devoir, est parfois honorable, mérite l'éloge et les encouragements, mais non la plus haute estime ; car la maxime manque d'un contenu moral, à savoir d'accomplir de telles actions non par inclination, mais *par devoir*. Supposons que l'esprit de ce philanthrope soit obscurci par sa propre affliction, effaçant toute participation au destin des autres, qu'il aurait toujours les moyens de soulager d'autres malheureux, mais que la peine d'autrui ne le toucherait pas, parce qu'il serait suffisamment occupé par la sienne, et à ce moment-là, alors qu'aucune inclination ne l'y incite plus, qu'il s'arracherait néanmoins à cette insensibilité mortelle et accomplirait l'action sans aucune inclination, uniquement par devoir, c'est alors seulement qu'elle prendrait sa véritable valeur morale. Mieux encore : si la nature avait mis dans le cœur de tel ou tel peu de sympathie, s'il était par tempérament (quoique honnête homme par ailleurs) froid et indifférent à l'égard des souffrances d'autrui, peut-être parce que, pourvu du don particulier de la patience et d'une force endurante à l'égard des siennes, il présuppose, voire exige la même chose chez tout autre : si la nature n'avait pas véritablement formé cet homme (qui ne serait pas le plus mauvais de ses produits) pour en faire un philanthrope, ne trouverait-il donc pas néanmoins une source en lui-même qui lui permettrait de se donner une valeur bien plus élevée que celle d'un tempérament bienveillant ? Si, certainement ! C'est là précisément que prend toute sa valeur le caractère qui est le plus élevé moralement et sans aucune comparaison, et qui consiste à faire le bien non par inclination, mais par devoir[12]. »

---

[12] EMMANUEL KANT. *Fondement pour la métaphysique des mœurs* (1785) (1re section, p. 22-23). Paris, 2000 © Hatier.

Et, un peu plus loin, il ajoute :

>> C'est sans aucun doute aussi de cette façon qu'il faut comprendre les passages des Écritures, dans lesquels il est ordonné d'aimer son prochain, même son ennemi. Car l'amour comme inclination ne se commande pas, mais la bienfaisance accomplie par devoir, quand bien même aucune inclination n'y pousse, voire qu'une répugnance naturelle et invincible y résiste, est amour *pratique* et non *pathologique*, situé dans la volonté et non dans le penchant du sentiment, dans des principes de l'action et non dans une participation fusionnelle ; or seul l'amour pratique peut être commandé[13]. >>

Questions sur le texte

1. Résumez en une phrase le premier paragraphe.

2. Expliquez la comparaison que fait Kant entre l'amour pratique et l'amour pathologique. Précisons que le terme de pathologie n'a pas chez Kant le sens de maladie, mais celui de sensibilité (au sens étymologique de *pathos*).

D'un point de vue moral, l'important n'est donc pas de savoir ce que nous éprouvons comme plaisir ou déplaisir lorsque nous agissons, mais si nous agissons en réfrénant notre envie première de façon à garantir un usage autonome, et donc libre, de notre volonté.

On a souvent reproché à Kant le caractère rebutant et formel de cette conception de l'acte moral. Cela pourrait donner à croire qu'il dénigre les sentiments, ce qui n'est pas le cas en réalité. Il les considère simplement comme changeants et incertains pour qu'ils puissent nous orienter dans le choix de nos actions : nos sentiments sont trop inconsistants pour que nous

---

[13] Emmanuel Kant. *Fondement pour la métaphysique des mœurs* (1785) (1re section, p. 24-25). Paris, 2000 © Hatier.

nous en remettions à eux. Si l'honnêteté à l'égard d'autrui est un devoir moral, cela signifie que nous ne pouvons nous soustraire à cette obligation sous aucun prétexte. Or, les sentiments n'offrent rien de comparable ; ils nous font toujours courir le risque de trouver une multitude de bonnes raisons pour, en certaines circonstances, ne pas, par exemple, être honnête. Celui qui est honnête parce que la situation présente éveille en lui des sentiments qui le portent à agir de la sorte pourra tout aussi bien le lendemain estimer que la malhonnêteté est maintenant de mise, les circonstances de la veille n'étant plus les mêmes. Dans un même ordre d'idées, si l'aide apportée à quelqu'un est motivée par notre amour pour lui, que se passera-t-il le jour où il nous demandera à nouveau de l'assister, mais que nous ne l'aimerons plus ? Il n'est pas exclu qu'on trouve alors une série de prétextes pour douter qu'il ait besoin de nous, ou tout simplement pour ne plus le secourir.

Questions de compréhension

1. Imaginez une situation qui montre combien la considération de facteurs relatifs aux sentiments rend souvent le jugement d'une personne élastique et inégal. Justifiez le choix de votre exemple en vous appuyant sur la théorie de Kant.

2. À la lumière de la théorie de Kant, quel serait le handicap majeur de toutes ces campagnes de financement pour des causes humanitaires qui font appel principalement à la sensibilité du citoyen plutôt qu'à sa raison ?

Classification des actions selon la bonne volonté

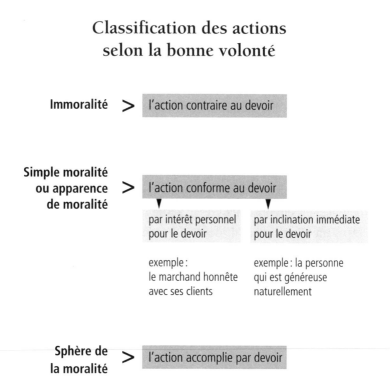

Immoralité > l'action contraire au devoir

Simple moralité ou apparence de moralité > l'action conforme au devoir

par intérêt personnel pour le devoir

par inclination immédiate pour le devoir

exemple : le marchand honnête avec ses clients

exemple : la personne qui est généreuse naturellement

Sphère de la moralité > l'action accomplie par devoir

UNE MORALE IMPÉRATIVE

En présentant l'acte moral comme un devoir, Kant s'oppose aux théories éthiques qui réduisent le sens de la moralité à celui du meilleur argument. Pour lui, le devoir ne se discute pas, c'est un impératif qui s'exprime généralement par des propositions du type « Je te demande de faire ceci » ou encore « Je dois faire cela ». Kant précise que l'action humaine peut être soumise à toutes sortes d'impératifs.

L'impératif conditionnel

Nous sommes constamment appelés à réfléchir sur la meilleure décision à prendre par rapport à ce que nous projetons de faire. Nous demandons alors à notre raison de nous indiquer le meilleur moyen pour atteindre notre but. Ce genre d'obligation s'exprime habituellement par des énoncés comme :

- Si je veux être en meilleure santé, je dois cesser de fumer ;
- Si je ne veux pas prendre le risque de perdre mon permis de conduire, je dois éviter de consommer de l'alcool au volant ;
- Si je veux réussir tous mes cours, je dois faire ce que les professeurs me demandent ;
- Si je veux perdre du poids, je dois faire de l'exercice.

Kant appelle ce type d'impératif un *impératif conditionnel*. Il le dit conditionnel parce que l'obligation n'est pas nécessaire en elle-même, mais conçue comme un moyen permettant d'arriver à une fin, variable selon les circonstances, les préoccupations et les désirs du moment. Par exemple, celui qui désire faire de la course automobile doit d'abord apprendre à conduire un véhicule motorisé. L'obligation qui consiste à maîtriser les techniques de base de la conduite automobile est prescrite en vertu même de la fin que la personne s'est imposée. L'individu qui ne projette pas de faire de la course automobile n'est nullement obligé d'apprendre à conduire.

Pour Kant, une doctrine morale fondée sur des impératifs conditionnels n'est jamais complètement immunisée contre l'arbitraire des moyens en vue de réaliser une fin. Il ajoute qu'avec les impératifs conditionnels, notre raison ne parvient pas à s'exercer d'une manière souveraine et autonome. Elle devient la servante de l'action. En optant pour telle fin, nous demandons par conséquent à notre raison de nous indiquer les meilleurs moyens à prendre.

Si être moral consistait à choisir le meilleur moyen en vue d'une fin, cela confirmerait le vieux dicton suivant lequel la fin justifie les moyens. Comment alors pourrions-nous réfuter moralement les propositions suivantes ?

- Si tu veux faire rapidement de l'argent, dévalise la maison de tes voisins ;
- Si tu juges ton professeur injuste, frappe-le ;
- Si tu convoites une femme, enlève-la.

Bref, si toutes nos actions sont soumises à des impératifs conditionnels et si, de ce fait, notre raison n'a d'autre usage que d'être au service des divers buts que nous nous proposons, la tentative de fonder la moralité sur la liberté de notre volonté perd toute sa valeur.

L'impératif catégorique

En plus des impératifs conditionnels, Kant distingue des impératifs dits *catégoriques*. Ils diffèrent des premiers en cela que l'action n'a plus besoin d'un but quelconque pour se justifier, elle est jugée nécessaire comme telle, indépendamment des circonstances. L'impératif catégorique incarne l'idée d'une obligation qui ne souffre aucune restriction ni exception. Elle est un commandement absolu auquel personne ne peut se soustraire, puisqu'elle a valeur universelle. En d'autres termes, avec l'introduction de la notion d'impératif catégorique, Kant veut montrer que la seule véritable question qui, d'un point de vue moral, mérite d'être posée est : que devons-nous faire pour être certains d'agir d'une manière raisonnable ? À cette question pratique fondamentale, l'impératif catégorique répond que s'obliger inconditionnellement à une action en raison de sa nécessité désigne le niveau le plus élevé auquel la réflexion éthique peut nous amener. C'est dire qu'en s'appuyant sur les seules règles de la raison, l'humain serait capable de s'assigner des devoirs qui seraient pour lui des lois objectives. Or, le propre d'une loi, c'est d'être universelle : une loi qui ne s'applique pas à « tous les cas » ne peut être une loi. Il existe certes des lois ayant des visées particulières (pour les parents, les contribuables, les étudiants, etc.), mais dans chacun de ces cas, elles s'adressent à tous les parents, contribuables, étudiants, etc. En somme, une action individuelle est morale lorsque tout être raisonnable est en mesure de vouloir pour lui-même ce que chacun veut pour soi, et inversement. Il reste alors à se demander à quoi pourrait bien ressembler une telle loi universelle de la raison pratique (impératif catégorique) de laquelle découlent tous nos devoirs moraux.

Kant formule cette loi de la manière suivante :

> Agis uniquement d'après la maxime grâce à laquelle tu peux vouloir en même temps qu'elle devienne une loi universelle[14].

Ou, ce qui revient au même :

> Agis comme si la maxime de ton action devait devenir par ta volonté une loi universelle de la nature[15].

---

[14] EMMANUEL KANT. *Fondement pour la métaphysique des mœurs* (1785) (2e section, p. 58). Paris, 2000 © Hatier.
[15] EMMANUEL KANT. *Fondement pour la métaphysique des mœurs* (1785) (2e section, p. 58). Paris, 2000 © Hatier.

Précisons tout de suite ce qu'il faut entendre par maxime. Une maxime désigne une règle de conduite subjective. Par exemple, on peut avoir comme maxime de ne jamais se laisser emporter par la colère. Celui qui adopte une telle règle cherchera les moyens de ne pas céder à la colère dans les situations risquées pour lui. Le propre d'une maxime n'est donc pas de signaler tel ou tel cas qui relève de ce qu'elle recommande, mais de donner une orientation générale permettant à celui qui l'adopte de savoir comment il doit se comporter dans les multiples circonstances de la vie.

La question est donc de savoir, en ce qui concerne l'impératif catégorique, si ce que l'on se propose à soi-même comme règle d'action peut être érigé en loi universelle. Agir moralement revient à s'assurer que la prescription sur laquelle on modèle son acte puisse en même temps valoir comme loi universelle pour toute la communauté des êtres raisonnables. Concrètement, il s'agit de savoir si ce que l'on veut pour soi vaut également et sans exception pour tous les sujets moraux. Car, de fait, l'universalité d'une loi ne tolère aucune exception. Or, il est contradictoire de vouloir pour soi-même quelque chose et de ne pas vouloir en même temps pour les autres ce que l'on veut pour soi. Tout comme il est contradictoire de vouloir en même temps « A » et « non-A », notre volonté ne peut sans contradiction s'ériger en exception lorsque vient le temps d'agir. Cette façon de comprendre la moralité, c'est-à-dire en identifiant le jugement moral à un jugement non contradictoire afin de garantir l'égalité et la réciprocité des points de vue, fait de l'éthique kantienne une théorie qui pense le bien moral en termes de ce qui est juste et impartial.

Les deux formes principales du devoir

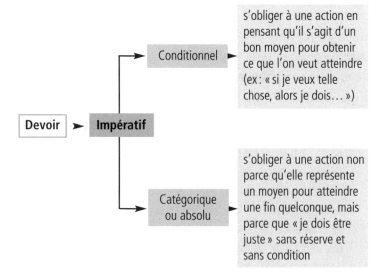

LE TEST D'UNIVERSALISATION :
LES EXEMPLES KANTIENS

Dans la deuxième section du *Fondement pour la métaphysique des mœurs*, Kant distingue différents types de devoirs : les *devoirs stricts* ou *inconditionnels*, c'est-à-dire des obligations qui s'imposent à tous sans exception, et les *devoirs larges* ou *méritoires*, c'est-à-dire des obligations qui laissent au sujet moral le choix des moyens pour les accomplir. De la même façon, il répartit ces deux classes d'obligations entre des *devoirs envers soi-même* et des *devoirs envers autrui*. Cette division nous aidera à comprendre comment Kant s'y prend pour universaliser une maxime. Il utilise les exemples suivants :

L'interdit du suicide : un devoir strict envers soi-même

Puis-je moralement abréger ma vie afin de mettre fin au sentiment de dégoût inspiré par les malheurs continuels de mon existence ? Voyons ce qu'en dit le philosophe :

> « Un homme, qu'une série de maux a accablé jusqu'au déses-poir, et qui ressent un dégoût de la vie, est encore suffisamment en possession de sa raison pour pouvoir se demander s'il ne serait pas contraire à son devoir à l'égard de lui-même d'attenter à sa vie. Il se demande alors si la maxime de son action pourrait devenir une loi universelle de la nature. Or cette maxime est la suivante : je me fais un principe, par amour de moi-même, si ma vie, en se prolon-geant, se voit exposée à plus de maux qu'elle ne promet d'agré-ments, de l'écourter. Il ne s'agit plus que de savoir si ce principe de l'amour de soi peut devenir une loi universelle de la nature. Mais on voit alors bien vite qu'une nature, qui établirait par sa loi que cette même sensibilité dont la destination est d'œuvrer à la promotion de la vie peut aussi la détruire, se contredirait elle-même, et ne pour-rait donc pas subsister en tant que nature ; par conséquent, il est im-possible que cette maxime puisse être une loi universelle de la nature et elle s'oppose entièrement au principe suprême de tout devoir[16]. »

Puis-je moralement me suicider ? La réponse de Kant est catégorique : non, car cette action ne s'universalise pas sans contradiction. Examinons de plus près son raisonnement. Met-tre fin à sa vie par dégoût de la vie revient à le faire par amour de soi, c'est-à-dire par cette disposition qui pousse chacun à re-chercher son propre plaisir ou intérêt. Mais il serait contradic-

---

[16] EMMANUEL KANT. *Fondement pour la métaphysique des mœurs* (1785) (2ᵉ section, p. 59). Paris, 2000 © Hatier.

toire de faire de cette règle une loi universelle. Car si l'amour de soi a justement pour fonction de promouvoir la vie, on ne saurait obliger tous les gens qui, par amour d'eux-mêmes, éprouvent du déplaisir, à se suicider. Cela reviendrait à dire que tout individu éprouvant du déplaisir serait appelé, non pas à le surmonter, mais, sans exception, à se suicider. Bref, faire de la maxime « se suicider par amour de soi » une loi de la nature équivaudrait à détruire la vie elle-même au nom d'une disposition qui pourtant contribue à la vie. Ce qui, encore une fois, est contradictoire.

Il est important de noter qu'il ne s'agit pas, pour Kant, d'imaginer les conséquences possibles de ces suicides, la principale étant une diminution éventuelle du nombre des humains en vie. S'il raisonnait de la sorte, il désavouerait la notion même de bonne volonté et se comporterait comme un utilitariste ! Sa démarche repose sur une argumentation de type *a priori* : il s'agit uniquement de savoir si ce qui détermine ma volonté peut être élevé sans contradiction au titre de loi. Paradoxalement, Kant admet que si, pour continuer à vivre, l'homme doit renoncer à son libre arbitre, il a alors l'obligation de renoncer à la vie. En pareil cas, il ne s'agit pas d'un suicide, mais d'un refus de sacrifier ce qui donne à la vie humaine de la valeur : la liberté. Sur cette distinction, il écrit :

> « Celui qui s'enfuirait pour sauver sa vie en abandonnant ses semblables ne serait qu'un lâche. Celui qui, par contre, choisirait de se défendre et de défendre les siens jusqu'à la mort, ne serait pas tenu pour un suicidé, mais pour un esprit noble, car la vie ne doit d'aucune façon être hautement estimée en elle-même et pour elle-même ; elle ne doit être conservée que dans la mesure où je demeure digne de vivre[17]. »

---

[17] EMMANUEL KANT. *Leçons d'éthique* (1775-1780) (p. 272). Paris, 1997 © Librairie générale française. (Traduit par Luc Langlois.)

L'interdit du mensonge : un devoir strict envers autrui

L'approche est la même quand on veut savoir si faire une promesse à quelqu'un avec l'intention de ne pas la respecter peut être moral. Peut-on, par exemple, contracter un emprunt tout en sachant qu'on ne respectera pas les termes du contrat ?

> « Un autre se voit contraint par la misère à emprunter de l'argent. Il sait bien qu'il ne pourra pas rembourser, mais il voit aussi qu'on ne lui prêtera rien s'il ne promet pas solennellement de payer à une date déterminée. Il est désireux de faire une telle promesse ; mais il lui reste suffisamment de conscience pour se demander : n'est-il pas interdit et contraire au devoir de vouloir échapper à la misère de cette façon ? Admettons qu'il s'y décidât néanmoins, la maxime de son action s'énoncerait ainsi : lorsque je crois manquer d'argent, j'emprunte et promets de payer, même si je sais que je ne le ferai jamais. Ce principe de l'amour de soi ou de l'intérêt personnel est peut-être bien conciliable avec tout mon bien-être à venir, seulement la question est ici celle-ci : est-ce juste ? Je transforme donc l'exigence de l'amour de soi en loi universelle et agence ainsi la question : qu'en serait-il, si ma maxime devenait une loi universelle ? Je vois alors immédiatement qu'elle ne pourrait jamais valoir comme loi universelle et s'accorder avec elle-même et qu'elle tomberait nécessairement dans la contradiction. Car l'universalité d'une loi d'après laquelle chacun, lorsqu'il se croit dans la misère, pourrait faire une promesse quelconque avec l'intention de ne pas la tenir, rendrait impossible la promesse et la fin qu'on y associe, en ce que personne ne croirait plus ce qu'on lui promet et rirait de tels propos comme d'une vaine allégation[18]. »

---

[18] EMMANUEL KANT. *Fondement pour la métaphysique des mœurs* (1785) (2e section, p. 59-60). Paris, 2000 © Hatier.

Ce n'est pas savoir si rompre une promesse est moral ou non dont il est question ici, mais si faire une fausse promesse ou mentir est moral ou non. Il est évident qu'un individu qui ne tient pas une promesse pour des raisons sur lesquelles il n'a aucun contrôle ne peut être tenu pour responsable. Si quelqu'un promet à un ami d'aller avec lui au cinéma et qu'un accident d'automobile lui fait rater leur rendez-vous, le fait de manquer à sa promesse n'a rien de répréhensible. En revanche, peut-il, pour sortir d'un embarras lié à sa situation, faire une fausse promesse et donc mentir? Ou pour éviter des poursuites judiciaires, emprunter une somme d'argent tout en sachant qu'il ne pourra pas la rembourser? Pour trancher, il faut se demander si un tel comportement peut être juste et équitable. La réponse est non.

Voyons d'abord ce qu'implique le fait de promettre. Par définition, promettre quelque chose à quelqu'un équivaut à s'imposer un devoir envers lui, à s'engager envers lui. Une promesse qui n'oblige à rien n'est pas une promesse! La question est donc de savoir si l'on peut faire une promesse sans pour autant se sentir obligé de la tenir. Peut-on ériger cet énoncé en loi universelle? Ce qui revient à la question suivante: est-il juste de penser que tous les hommes peuvent faire des promesses en sachant pertinemment qu'ils ne les respecteront pas? Réponse: en aucune manière. L'universalisation d'un tel principe est contradictoire: elle rend impossible la notion même de promesse. De fait, les promesses seraient impossibles si tout le monde savait que personne ne les respecte. Par conséquent, lorsqu'on promet quelque chose avec l'intention de ne pas

> Dans un ouvrage intitulé *Sur un prétendu droit de mentir par humanité* (1799), Kant montre combien l'usage du mensonge ruine à long terme toute forme d'organisation sociale. La confiance des individus en leurs institutions est nécessaire à la vitalité de toute société. Sinon, cette dernière est condamnée à disparaître.

respecter son engagement, cela suppose que l'on continue à penser qu'une promesse n'est réelle que si elle est honorée.

Le fait de ne pas tenir ses promesses implique une reconnaissance de la règle qui dit qu'il faut les tenir, car si cette règle n'était pas admise par tous, on ne pourrait pas s'en servir pour tromper les autres. L'immoralité de cet acte réside dans le fait que, tout en admettant que les autres doivent rembourser leurs emprunts, on juge pouvoir faire exception à la règle. Il est en effet injuste de s'accorder un statut spécial par rapport au reste des hommes, de se croire autorisé à masquer la question du «Que dois-je faire?» par celle du «Que veux-je faire?» afin de tirer avantage de la confiance d'autrui.

Voici ce qu'en dit Kant:

« Soit la question suivante: n'ai-je pas le droit, lorsque je suis sous la contrainte, de faire une promesse avec l'intention de ne pas la tenir? Je distingue ici aisément la signification de la question, suivant qu'il s'agit de savoir s'il est avisé ou s'il est conforme au devoir de faire une fausse promesse. Il est sans conteste que le premier cas peut souvent se produire. Sans doute, je vois bien qu'il ne suffit pas de se tirer d'un embarras actuel au moyen de cette échappatoire, mais qu'il faut bien examiner si ce mensonge ne pourrait pas, après coup, me causer un ennui beaucoup plus considérable que celui dont je me libère à présent, et comme les suites, en dépit de ma *finesse* présumée, ne sont pas si faciles à prévoir, si la perte de confiance ne pourrait pas me nuire bien davantage que tout le désagrément que je crois éviter à présent et s'il ne serait pas plus *prudent* d'agir en cette matière selon une maxime universelle et de me faire une habitude de ne rien promettre autrement que dans l'intention de le tenir. Mais il me paraît bientôt clair qu'une telle maxime ne se fonde jamais que sur la crainte des conséquences dommageables. Et c'est bien tout autre chose d'être vérace par devoir que par crainte des conséquences dommageables: en ce que dans le premier cas le concept de l'action en lui-même contient déjà une loi pour moi, alors que dans le deuxième je dois aller voir ailleurs quels pourraient bien être les effets associés à cette action pour moi. Car, si je m'écarte du principe du devoir, il est certain que j'agis mal ; mais si je me défais de ma maxime de la prudence, cela peut, malgré tout, m'être parfois avantageux, même s'il est certes plus sûr de m'en tenir à elle. Mais s'il s'agit de répondre à la question de savoir si une promesse mensongère est conforme au devoir, la manière la plus rapide et pourtant infaillible de m'instruire est de me demander : serais-je satisfait que ma maxime (me tirer d'embarras par une promesse mensongère) puisse valoir comme loi universelle (tant pour moi que pour tout autre) et pourrais-je me dire à moi-même : que chacun fasse donc une promesse mensongère lorsqu'il est dans un embarras dont il ne peut pas se tirer d'une autre manière ? Mais il m'apparaît bientôt qu'on peut certes vouloir le mensonge, mais non pas une loi universelle du mensonge, car d'après une telle loi il n'y aurait à vrai dire aucune espèce de promesse, puisqu'il serait vain de faire connaître ma volonté eu égard à des actions futures à d'autres hommes qui ne croiraient pas aux intentions que j'affiche, ou alors, s'ils le faisaient par précipitation, me rendraient la monnaie de ma pièce et qu'ainsi ma maxime, dès lors qu'elle serait érigée en loi universelle, se détruirait elle-même[19]. 》》

Questions sur le texte

1. Commentez ce propos de Kant : « Et c'est bien tout autre chose d'être vérace par devoir que par crainte des conséquences dommageables : en ce que dans le premier cas le concept de l'action en lui-même contient déjà une loi pour moi, alors que dans le deuxième je dois aller voir ailleurs quels pourraient bien être les effets associés à cette action pour moi. »

2. Expliquez l'affirmation kantienne selon laquelle on peut vouloir mentir sans jamais pour autant vouloir une loi universelle du mensonge.

---

[19] EMMANUEL KANT. *Fondement pour la métaphysique des mœurs* (1785) (1re section, p. 28-30). Paris, 2000 © Hatier.

Parce qu'il associe le critère de la moralité à la stricte universalisation, on a souvent reproché à Kant son rigorisme moral, entendant par là une morale austère et rigide. Loin de vouloir contester ce jugement, Kant estime plutôt que c'est la seule façon de venir à bout de notre égoïsme naturel qui, trop souvent, nous aveugle sur les véritables motifs de nos actes. Le processus d'universalisation permet de déterminer la valeur strictement rationnelle d'un acte de manière à dépasser la sphère de subjectivité propre à chacun. Agir moralement équivaut à considérer notre point de vue comme valable non pas seulement pour soi et ses intérêts personnels, mais également pour tout être raisonnable. Faute de pouvoir élever son jugement à un tel niveau d'universalité, on se condamne à invoquer constamment de soi-disant bonnes raisons pour ne pas respecter la loi morale qui exige de faire ce que tout homme ferait s'il était à notre place. C'est le prix à payer pour obtenir un choix impartial, c'est-à-dire acceptable pour tous. Pour y arriver, nous devons juger nos actions en faisant abstraction de nos visées personnelles, puis en les évaluant dans une perspective universelle, qui tient compte des intérêts de tous. Celui qui s'oblige à des actions impartiales s'assure que ses choix n'ont rien d'arbitraire ni de subjectif, qu'ils valent objectivement pour tout être raisonnable. Or, vouloir pour soi ce qui est universel équivaut à se donner librement à soi-même sa propre loi. Et c'est pourquoi la liberté de la volonté réside dans la capacité à rechercher la loi morale pour soi-même.

Deux remarques s'imposent. D'abord, il faut comprendre qu'il ne suffit pas d'obéir à des lois pour être libre, encore faut-il que ces lois émanent de notre conscience et ne soient pas imposées de l'extérieur (milieu social, valeur ambiante, goût du jour, impulsion du moment, etc.). Ensuite, il faut s'empêcher d'associer l'expression «loi morale» à quelque chose de codifié et de réglé d'avance. La notion de «loi morale» est là pour rappeler le caractère impératif de l'obligation morale. Pour le reste, c'est au contact de problèmes particuliers et concrets que l'individu est amené à faire l'épreuve de ce qui s'impose à sa conscience comme une loi morale.

>> Pour savoir ce que je dois faire pour que mon vouloir soit moralement bon, je n'ai pas besoin d'être particulièrement perspicace. Ignorant du cours du monde, incapable de me préparer à tous les événements qui peuvent s'y produire, je me demande seulement : peux-tu aussi vouloir que ta maxime devienne une loi universelle ? Là où ce n'est pas le cas, elle doit être rejetée, et cela non pas parce qu'il en résulterait un désavantage pour toi ou aussi pour d'autres, mais parce qu'elle ne peut pas prendre place à titre de principe dans une possible législation universelle ; or la raison m'impose un respect immédiat pour celle-ci dont je ne *vois* pas encore sur quoi il se fonde (ce que le philosophe pourra étudier), mais dont je comprends au moins ceci : il est l'estimation d'une valeur qui surpasse de loin la valeur des choses qui tirent leur prix de nos inclinations, et la nécessité de mes actions par *pur* respect pour la loi pratique est ce qui fait le devoir, auquel tout autre motif doit céder la place, parce qu'il est la condition d'une volonté bonne *en soi*, dont la valeur surpasse tout[20]. >>

Question sur le texte

Selon Kant, il n'est pas nécessaire d'avoir beaucoup de connaissances pour accomplir son devoir. Expliquez.

---

[20] EMMANUEL KANT. *Fondement pour la métaphysique des mœurs* (1785) (1re section, p. 30-31). Paris, 2000 © Hatier.

Le devoir de bienfaisance : un devoir large envers autrui

Prenons maintenant le cas d'un individu indifférent au malheur d'autrui :

> « Un [individu], pour lequel tout va bien, voyant que d'autres (qu'il serait en mesure d'aider) doivent lutter au prix des plus pénibles efforts se dit : que m'importe ? À chacun d'être aussi heureux que le ciel le lui permet ou qu'il peut le devenir par ses propres forces, je ne lui prendrai rien, ni ne l'envierai ; mais je ne souhaite pas contribuer à son bien-être ni le soutenir dans la nécessité ! Si une telle manière de penser devenait une loi universelle, l'espèce humaine n'en continuerait pas moins de subsister, et même mieux, sans aucun doute, que lorsque tout un chacun parle de compassion et de bienveillance, s'encourage même à en faire montre à l'occasion, mais trompe son monde tant qu'il peut, monnaye le droit des hommes ou le viole d'une façon ou d'une autre. Mais bien qu'une loi universelle conforme à cette maxime puisse subsister, il n'en est pas moins impossible de *vouloir* qu'un tel principe ait universellement valeur de loi de la nature. Car une volonté qui en déciderait ainsi se mettrait en contradiction avec elle-même, dans la mesure où maints cas peuvent se produire, dans lesquels il aurait besoin de l'amour des autres et de leur compassion, alors qu'il se priverait, par une telle loi de la nature issue de sa propre volonté, de tout espoir de trouver l'assistance souhaitée[21]. »

La question est de savoir s'il est moralement permis d'être insensible à la souffrance des autres. Pour y répondre, demandons-nous s'il est possible d'élever la maxime à la hauteur d'une loi universelle : « je n'ai pas à me préoccuper du bon-

---

[21] Emmanuel Kant. *Fondement pour la métaphysique des mœurs* (1785) (2e section, p. 61-62). Paris, 2000 © Hatier.

heur d'autrui, même pour ceux qui réclament mon aide ». Peut-on, sans s'exposer à la contradiction, vouloir vivre dans un monde où tous les hommes seraient indifférents aux autres et qui exclurait toute relation d'aide entre les hommes ? Il ne s'agit pas de savoir si un tel monde peut exister, mais de se demander si nous voulons vivre dans un pareil environnement. Or, personne ne peut, rationnellement, vouloir un monde où l'on ne pourrait jamais compter sur quiconque, pas même un parent ou un ami. Donc, lorsqu'on refuse d'aider quelqu'un, on se trouve en contradiction avec soi, puisqu'au même moment on ne veut pas que ce comportement devienne une loi universelle.

Il y a en effet contradiction à vouloir vivre dans un monde fondé sur la pratique de l'entraide et de la coopération, et en même temps à refuser de contribuer personnellement à l'organisation sociale et politique que nous souhaitons. Tout comme dans les exemples précédents, l'immoralité de l'action s'explique par le fait que l'individu dont nous parlons cherche à s'accorder un traitement particulier par rapport aux autres, à se considérer comme une exception face au reste des hommes. Voilà pourquoi Kant dit que nous avons un devoir de bienveillance à l'endroit d'autrui. Concrètement, nous avons le devoir d'aider les autres à réaliser leurs projets, d'être attentifs et prévenants envers eux, de contribuer, dans la mesure du possible, à leur bonheur. Mais, à la différence des devoirs stricts, comme l'interdit du suicide ou l'obligation de ne pas mentir, le devoir de bienveillance se classe parmi les devoirs larges, car il laisse à l'individu une marge de manœuvre sur le choix des moyens utilisés pour venir en aide. L'obligation inconditionnelle d'alléger, par exemple, la souffrance de la personne qui a faim ne dit rien sur la manière d'y parvenir. Le choix des moyens revient à l'individu.

Le devoir de développer ses talents : un devoir large envers soi-même

Examinons un dernier exemple : la nécessité de développer ses talents.

> « Un [individu] se reconnaît un talent qui, avec un peu de culture, ferait de lui un homme utile à toutes sortes de fins. Mais il se trouve dans une situation aisée et préfère s'adonner au plaisir plutôt que de faire effort pour accroître et améliorer ses heureuses dispositions naturelles. Il se demande pourtant si, en dehors même de l'accord de sa maxime, qui est de laisser ses dons naturels en friche, avec son penchant au divertissement, celle-ci s'accorde également avec ce qu'on appelle le devoir. Il voit bien qu'une nature conforme à une telle loi universelle pourrait encore subsister, alors que l'homme (tel l'habitant des mers du Sud) y laisserait rouiller ses talents et ne songerait à aucun autre emploi de sa vie que dans le loisir, le divertissement, la reproduction de l'espèce, en un mot la jouissance ; mais il lui est impossible de *vouloir* que cela devienne une loi universelle de la nature ou soit déposé en nous comme tel par l'instinct naturel. Car en tant qu'être raisonnable, il veut nécessairement que toutes les capacités qui sont en lui soient développées, parce qu'elles lui ont été données pour servir toutes sortes de fins possibles[22]. »

Questions sur le texte

1. Formulez la maxime qui est au cœur de cet exemple et montrez qu'elle ne peut être universalisée sans contradiction. Pour y arriver, vous devez montrer qu'il est logiquement impossible, pour un être doué de raison, de refuser ce qui est nécessaire au développement de sa raison.

2. Selon Kant, l'obligation de développer ses talents fait partie des devoirs larges. Pourquoi ?

---

[22] EMMANUEL KANT. *Fondement pour la métaphysique des mœurs* (1785) (2e section, p. 60-61). Paris, 2000 © Hatier.

De ces quatre exemples, que devons-nous retenir ? Laissons la parole à Kant :

« Ce ne sont là que quelques-uns des très nombreux devoirs réels, ou que du moins nous supposons tels, dont la déduction depuis le seul principe préalablement énoncé saute clairement aux yeux. Il faut *pouvoir vouloir* qu'une maxime de notre action devienne une loi universelle : tel est d'une façon générale le canon de l'appréciation morale de cette action. Certaines actions sont ainsi faites que leur maxime ne peut pas même être *pensée* sans contradiction comme une loi universelle de la nature ; bien loin qu'on puisse *vouloir* qu'elle *doive* le devenir. Dans d'autres on ne trouve pas cette impossibilité interne ; il est pourtant impossible de *vouloir* que leur maxime soit élevée à l'universalité d'une loi de la nature, parce qu'une telle volonté se mettrait en contradiction avec elle-même. On voit donc aisément que la première contredit le devoir strict ou étroit (rigoureux), l'autre seulement le devoir élargi (méritoire), et qu'il apparaît ainsi à travers ces exemples que tous les devoirs, en ce qui concerne la sorte d'obligation qu'ils imposent (et non l'objet de l'action), dépendent entièrement de cet unique principe.

Si nous portons maintenant notre attention sur nous-mêmes chaque fois que nous enfreignons un devoir, nous trouvons que nous ne voulons effectivement pas que notre maxime devienne une loi universelle, car cela nous est impossible, c'est bien plutôt le contraire de celle-ci qui doit rester une loi universelle ; mais nous prenons simplement la liberté, pour nous-mêmes (ou peut-être aussi seulement pour cette fois), de faire une *exception* en faveur de notre inclination. Dès lors, si nous examinions tout d'un seul et même point de vue, savoir celui de la raison, nous rencontrerions une contradiction dans notre propre volonté, en ceci qu'un certain principe est objectivement nécessaire comme loi universelle mais n'aurait pourtant pas cours universellement d'un point de vue subjectif et devrait même tolérer des exceptions. Mais comme nous considérons notre action tantôt du point de vue d'une volonté entièrement conforme à la raison, tantôt cette même action du point de vue d'une volonté affectée par une inclination, il n'y a pas ici, en réalité, de contradiction, mais bien une résistance de l'inclination à l'égard de la prescription de la raison *(antagonismus)*, par quoi l'universalité du principe *(universalitas)* est transformée en simple généralité *(generalitas)*, ce qui doit faire se rencontrer le principe pratique de la raison et la maxime à mi-chemin. Quand bien même cet état de fait ne peut être justifié dans notre propre jugement lorsque celui-ci est impartialement rendu, il n'en est pas moins prouvé ainsi que nous reconnaissons vraiment la validité de l'impératif catégorique, et ne nous permettons (avec tout le respect que nous lui devons) que quelques exceptions qui nous paraissent insignifiantes et nous sont pour ainsi dire extorquées[23].

Questions sur le texte

1. Résumez en une phrase le premier paragraphe.

2. Expliquez pourquoi, selon Kant, l'universalité d'un principe diffère d'une simple généralité. Donnez ensuite un exemple.

Question de compréhension

Dans les camps d'extermination nazis, beaucoup de gardiens étaient persuadés de ne faire que leur devoir en envoyant à la chambre à gaz ceux qui étaient condamnés à disparaître. On raconte même que des hauts dignitaires nazis avaient la conviction d'appliquer l'impératif catégorique de Kant en érigeant en loi universelle de la nature l'extermination des juifs. Montrez qu'une telle interprétation de l'impératif catégorique trahit la théorie kantienne du devoir.

---

[23] EMMANUEL KANT. *Fondement pour la métaphysique des mœurs* (1785) (2e section, p. 62-63). Paris, 2000 © Hatier.

La hiérarchie des devoirs

Par cette classification des devoirs, Kant pense avoir trouvé un dispositif théorique capable de résoudre ce qu'on appelle les conflits de devoirs. Rappelons qu'il y a dilemme moral lorsqu'un individu ou un groupe d'individus est amené à choisir entre deux obligations qu'il ne peut accomplir en même temps (je dois faire A et je dois faire B, mais je ne peux pas faire A et B). Kant estime que ces dilemmes ne sont qu'apparents ; entre deux devoirs, il y en a toujours un qui l'emporte sur l'autre. Aussi la notion de conflit est-elle remplacée par celle de hiérarchie des devoirs.

Précisons deux points. D'abord, les devoirs envers soi-même ont préséance sur les devoirs envers autrui. Cela s'explique par le caractère individuel et personnel de l'éthique kantienne. Pour tout dire, les devoirs envers soi-même sont la condition de l'éthique kantienne. En effet, il faut d'abord être maître de soi, soumettre ses inclinations à sa volonté, bref être libre, avant de se tourner vers autrui. C'est alors que nos devoirs envers les hommes ont une valeur et offrent une caution morale à nos intentions humanitaires. Sans cette caution, peu de choses distingueraient le fait de ne pas mentir par intérêt de celui de ne pas mentir par devoir. Kant évite ainsi de réduire la morale aux obligations sociales.

Ensuite, les devoirs stricts l'emportent sur les devoirs larges. Entre le devoir de rembourser nos créanciers et celui d'alléger par un don en argent quelqu'un qui a faim, notre obligation première est de payer nos dettes avant de contribuer au bonheur de celui qui est dans le besoin. La question n'est pas de savoir si le devoir d'assistance est plus ou moins moral que le devoir d'honnêteté. C'est là un faux problème, puisque nous sommes en présence de deux devoirs moraux fondamentaux.

Cependant, dans une situation concrète où deux devoirs moraux entrent en conflit, l'éthique kantienne demande aux règles qui orientent notre action de respecter les conditions de l'universalisation. Dans le cas présent, il est contradictoire de vouloir soulager la misère de quelqu'un en utilisant des moyens immoraux. Dans le cas inverse, il n'y a par contre aucune contradiction. Le fait de rembourser nos créanciers ne signifie pas que nous ne puissions pas aider la personne qui en a besoin. Comme il s'agit d'un devoir large envers autrui, il y a forcément d'autres moyens que celui de l'argent qui ne nous appartient pas pour y parvenir.

Classification des devoirs selon l'impératif catégorique

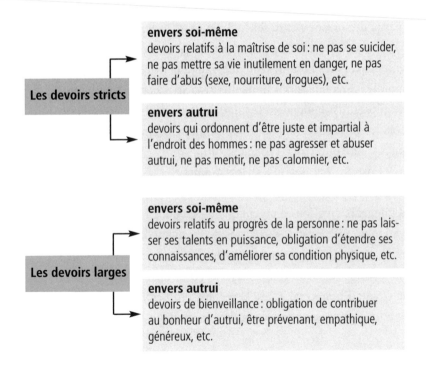

Les devoirs stricts

envers soi-même
devoirs relatifs à la maîtrise de soi : ne pas se suicider, ne pas mettre sa vie inutilement en danger, ne pas faire d'abus (sexe, nourriture, drogues), etc.

envers autrui
devoirs qui ordonnent d'être juste et impartial à l'endroit des hommes : ne pas agresser et abuser autrui, ne pas mentir, ne pas calomnier, etc.

Les devoirs larges

envers soi-même
devoirs relatifs au progrès de la personne : ne pas laisser ses talents en puissance, obligation d'étendre ses connaissances, d'améliorer sa condition physique, etc.

envers autrui
devoirs de bienveillance : obligation de contribuer au bonheur d'autrui, être prévenant, empathique, généreux, etc.

Pour approfondir cet aspect difficile de la théorie de Kant, nous vous proposons d'analyser l'un des exemples les plus ardus qui lui ait été soumis. Imaginez la situation suivante : à la suite d'une violente dispute avec son conjoint, votre meilleure amie habite chez vous. Un jour, celui-ci se présente à votre domicile en criant qu'il veut la tuer et il exige que vous lui disiez où elle se trouve[24]. Que devez-vous faire ? Quel est votre devoir ? Selon Kant, vous avez le devoir de dire la vérité (devoir strict envers autrui), mais vous avez également celui de lui venir en aide (devoir large envers autrui). Lequel devez-vous privilégier ? Si vous suiviez à la lettre la théorie de Kant, vous auriez l'obligation inconditionnelle de dire à cet homme où se trouve son épouse en dépit des menaces proférées à son endroit. À première vue, rien ne semble plus injuste et immoral que cette solution. Comment ! Il faudrait sacrifier son amie au nom d'une exigence purement rationnelle ! C'est insensé. Pourquoi ne pas admettre alors que, dans certains cas, le mensonge soit préférable à la vérité ? Dans ses écrits sur le droit, Kant admet que, sur le plan juridique, il existe des situations extrêmes où le refus de dire la vérité n'a peut-être pas à être sanctionné par le pouvoir judiciaire : c'est ce qu'il appelle le « droit de nécessité ». Un individu qui mentirait pour sauver sa propre vie ou pour protéger celle d'un autre ne devrait pas obligatoirement être condamné par la loi[25].

Il n'en va toutefois pas de même sur le plan de la moralité. Lorsque nous prétendons avoir le droit de mentir sous prétexte

---

[24] Cet exemple ressemble sommairement à celui discuté par Kant dans un essai de 1797 intitulé *Sur un prétendu droit de mentir par humanité*. Ce texte est une réponse à l'un des adversaires de Kant, Benjamin Constant (1767-1830).

[25] EMMANUEL KANT. *Métaphysique des mœurs*. Dans *Œuvres complètes* (collection «La Pléiade», tome III, p. 484). Paris, 1986 © Éditions Gallimard. (Traduit par Joëlle Masson et Olivier Masson.)

de vouloir épargner la vie d'une personne, nous partons de l'hypothèse selon laquelle mentir aura des conséquences plus heureuses que dire la vérité. Mais qu'en savons-nous ? Il se peut qu'en mentant (dire qu'elle n'est pas là), nous causions la mort de notre amie. Qui peut savoir si au moment où nous parlons à son conjoint, notre amie n'a pas décidé de s'enfuir par une fenêtre ?

Dans ce cas, notre mensonge augmente les chances que le conjoint, en quittant notre demeure, se retrouve face à face avec elle. D'un autre côté, qui peut savoir si en disant la vérité à son conjoint, nous permettons à des voisins d'avoir le temps d'accourir, pendant que celui-ci recherche sa conjointe dans la maison, et de neutraliser ainsi l'agresseur ? Difficile d'y répondre. Par ailleurs, dire qu'elle est là n'annule pas l'obligation que nous avons au même moment de lui porter assistance. Autrement dit, il y a forcément des moyens par lesquels nous pouvons l'aider sans pour autant avoir à mentir.

L'effort théorique de Kant cherche justement à doter le jugement moral d'un critère qui soit à l'abri de l'incertitude liée au calcul des conséquences. Et c'est pourquoi, d'un point de vue moral, il s'agit uniquement de savoir si, après avoir fait abstraction de tout intérêt personnel, profit matériel ou sentiment de sympathie pour certaines personnes, il nous reste encore des mobiles pour prétendre au droit de mentir. Ce que veut ici nous faire comprendre Kant, c'est que lorsque nous faisons du mensonge la solution morale à certaines de nos actions, nous nous exposons à nous comporter comme le pire des truands ! Pour reprendre l'exemple précédent, quelle serait votre décision si la personne réclamée par son conjoint vous était étrangère ou même antipathique ? Ne seriez-vous pas tenté de dire la vérité ? Ne seriez-vous pas porté à penser que cette histoire ne vous concerne pas et que, par conséquent, vous n'avez rien à dissimuler? Pire encore, vous pourriez même justifier votre intention de révéler à son compagnon où elle se trouve en vous persuadant que votre intention est tout ce qu'il y a de plus honnête. Ce qui est monstrueux car, fondamentalement, quelle différence y a-t-il entre les deux situations? Pourquoi, dans le cas de votre ami, l'obligation de ne pas mentir apparaît-elle comme inhumaine alors que dans l'autre, celui de la personne qui ne représente rien pour vous, le devoir d'honnêteté passe pour beaucoup plus acceptable?

Les dangers de l'obéissance

Stanley Milgram (1933-1984) est un chercheur américain en psychologie sociale, spécialisé dans les comportements de soumission. Dans les années 1960, il a mis au point une série d'expériences dont les conclusions sont fort troublantes. Des individus sont appelés à participer à une étude destinée à mieux nous faire comprendre l'influence de la punition sur l'apprentissage et sur la mémoire. Ils sont priés de faire asseoir un sujet sur une chaise munie de sangles, d'immobiliser ses bras pour éviter tout mouvement brusque et de lui fixer une électrode au poignet. Ils prennent ensuite place derrière une console qui comporte une rangée de trente manettes dont la puissance va de 15 à 450 volts. On leur demande d'administrer une décharge électrique au sujet chaque fois qu'il se montrera incapable de fournir la bonne réponse aux questions qui lui seront posées et qui portent sur des exercices de mémorisation. À chaque mauvaise réponse, on augmente l'intensité de la décharge de 15 volts (15, 30, 45 volts, etc.). Les réactions du sujet sont proportionnelles à l'intensité du courant: il commence par se plaindre, puis supplie d'arrêter. Enfin, à partir de 285 volts, il pousse des cris d'agonie, hurle de douleur, prétexte une maladie cardiaque, s'évanouit, etc.

En fait, le véritable sujet de l'expérience est celui qui est aux commandes du simulateur de chocs. Le « cobaye » est un acteur, et la console n'envoie aucune décharge électrique. Mais les participants n'en savent rien! Ce sont des sujets dits « naïfs ». Le but réel de l'expérience est de savoir jusqu'où ils accepteront de faire ce que l'on attend d'eux, quelle intensité de courant ils consentiront à administrer avant de décider de désobéir aux ordres. Il a été établi que la facilité à obéir aux consignes, et par conséquent à administrer des décharges électriques de forte intensité, était maximale quand les participants n'avaient aucun contact avec leur « victime ». Environ 65 % sont allés jusqu'à administrer 450 volts. On a du mal à imaginer un tel comportement. Il vient pourtant corroborer ce que nous disions plus haut avec Kant et l'exemple du mensonge, à savoir qu'il est sans doute plus acceptable pour un individu de faire son devoir, d'obéir aux ordres sans trop chercher à savoir ce qu'il en est exactement, lorsqu'il a affaire à un inconnu.

© Alexandra Milgram

Expérience de Milgram pour évaluer le degré de soumission des individus à l'autorité.

Pour en savoir plus : Stanley Milgram, *Soumission à l'autorité : un point de vue expérimental*, Paris, Calman-Lévy, 1974.

UN APPEL AU RESPECT DE LA PERSONNE

Ce qu'exige de nous l'éthique kantienne est considérable. Au point qu'on peut se demander s'il ne s'agit pas là d'une doctrine creuse qui ne renvoie à rien de réel, une simple «vue de l'esprit», et penser comme Charles Péguy lorsqu'il disait : «Le kantisme a les mains pures, mais il n'a pas de mains[26]».

---

[26] CHARLES PÉGUY. *Victor-Marie, comte Hugo* (1909-1914). Dans *Œuvres en prose* (collection «La Pléiade», p. 827). Paris, 1961 © Éditions Gallimard.

Il va de soi que, si le devoir de dire la vérité avait pour seule fin de satisfaire aux exigences de notre rationalité, on aurait peu à attendre d'une telle morale. Qu'il y ait des cas où l'obligation inconditionnelle attachée à la loi morale s'accepte difficilement, Kant est le premier à le reconnaître. Pourtant, c'est encore le meilleur moyen d'agir au nom de tous les hommes. Nous sommes des êtres de raison, ce qui nous confère une valeur à ce point absolue que personne ne peut se servir d'autrui sans son consentement. Rien ne nous autorise, pas même nos sentiments en apparence les plus désintéressés, à nous servir de la liberté d'autrui sans son accord. Autrement dit, l'allure formelle et peu flexible de l'impératif catégorique n'a de sens que pour la défense de la dignité de l'homme (quel que soit l'individu).

Charles Péguy
(1873-1914)

Écrivain et poète, Charles Péguy fut une figure marquante de la vie intellectuelle française du début du XXᵉ siècle. Il fonde en 1900 la revue des *Cahiers de la Quinzaine*, où il publie ses œuvres et celles d'auteurs importants. À la fois socialiste et profondément mystique, Péguy se distingue par sa critique de l'Église catholique et son opposition au marxisme.

Charles Péguy par Jean-Pierre Laurens.

Parmi ses écrits, soulignons : *Notre Patrie* (1905) ; *Victor-Marie, comte Hugo* (1910) ; *Mystère de la charité de Jeanne d'Arc* (1910) ; *L'Argent* (1912) ; *La Tapisserie de Notre-Dame* (1913).

L'être humain n'est pas une chose

L'homme est pour l'homme une fin en soi, et non un simple moyen, comme une chose ou un animal. Les choses n'ont de valeur que pour nous, elles sont des moyens au service des fins humaines, tandis que la liberté octroyée par la loi morale fait de l'homme une personne dotée d'une valeur inviolable. L'homme est une fin contre laquelle nul ne doit agir, que nul ne peut assujettir à ses propres entreprises. La liberté confère à l'homme une dimension qui dépasse ce qu'il est en tant qu'animal : elle en fait une personne, c'est-à-dire un être qui ne peut être ni désiré, ni possédé à l'égal d'une chose. En somme, d'un point de vue biologique, l'homme ne mérite aucun respect particulier : il est un animal conditionné par l'ensemble des lois naturelles. Par contre, d'un point de vue moral, il est une personne et, à ce titre, il doit être traité comme une fin absolue.

« Or j'affirme ceci : l'homme, et en général tout être raisonnable, *existe* comme fin en soi, et *non simplement comme moyen* pour un usage arbitraire par telle ou telle volonté, et doit dans toutes ses actions orientées vers lui-même ou vers d'autres êtres raisonnables être constamment considéré *en même temps comme une fin*. Les objets de l'inclination n'ont tous qu'une valeur conditionnelle ; car si les inclinations et les besoins fondés sur celles-ci n'existaient pas, leur objet serait sans valeur. Mais les inclinations elles-mêmes, en tant que sources des besoins, ont si peu une valeur absolue, qui permette de les désirer pour elles-mêmes, que le désir de tout être raisonnable doit bien plutôt consister à en être entièrement libéré. La valeur de tout ce que nous pouvons *acquérir* par notre action est donc toujours conditionnelle. Les êtres dont l'existence ne découle certes pas de notre volonté, mais de la nature, n'ont cependant, s'ils sont dénués de raison, qu'une valeur relative, en tant que moyens, et se nomment pour cela des *choses*, tandis que les êtres raisonnables sont appelés des *personnes*, parce que leur nature, d'emblée, les distingue comme des fins en elles-mêmes, c'est-à-dire comme quelque chose qui ne peut être simplement employé à titre de moyen, imposant ainsi des limites à tout arbitraire (et constituant un objet de respect). Il ne s'agit donc pas de fins simplement subjectives, dont l'existence comme effet de notre action a une valeur *pour nous* : mais de *fins objectives*, c'est-à-dire de choses dont l'existence est en elle-même une fin, et telle qu'aucune autre fin ne peut la remplacer, à laquelle elle servirait *seulement* de moyen, car sans celle-ci, plus rien, nulle part, n'aurait une *valeur absolue* ; or, si toute valeur était conditionnelle, il ne saurait être trouvé nulle part un principe pratique suprême pour la raison.

S'il doit donc y avoir un principe pratique suprême, et eu égard à la volonté humaine un impératif catégorique, il doit être tel qu'il fasse, de la représentation de ce qui est nécessairement une fin pour tout un chacun parce que c'est une *fin en soi*, un principe *objectif* du vouloir, et puisse par conséquent servir de loi pratique universelle. Le fondement de ce principe est le suivant : *la nature raisonnable existe en tant que fin en soi*. C'est ainsi que l'homme se représente nécessairement sa propre existence ; dans cette mesure c'est un principe *subjectif* des actions humaines. Mais tout autre être raisonnable se représente son existence de la même façon, en conséquence du même principe rationnel qui vaut également pour moi [...] ; il s'agit donc en même temps d'un principe *objectif*, dont toutes les lois du vouloir doivent pouvoir être déduites comme d'un principe pratique suprême. L'impératif pratique sera donc le suivant : *Agis de telle sorte que tu traites l'humanité, aussi bien dans ta propre personne que dans la personne de tout autre, toujours en même temps comme une fin, jamais seulement comme un moyen.* Voyons si ce principe peut être mis en œuvre.

Pour en rester aux exemples précédents :

Premièrement, d'après le concept du devoir nécessaire envers soi-même, celui qui pense au suicide se demandera si son action est compatible avec l'idée de l'humanité *comme fin en soi*. Si, pour échapper à un état pénible, il se détruit lui-même, alors il se sert d'une personne comme d'un *moyen* pour maintenir un état supportable jusqu'à la fin de sa vie. Or, l'homme n'est pas une chose, et ne peut par conséquent être utilisé *seulement* comme moyen, mais doit toujours être considéré dans toutes ses actions comme une fin en soi. Je ne peux donc disposer de l'homme en ma personne pour le mutiler, le corrompre ou le tuer. (Je dois ici laisser de côté la détermination plus précise de ce principe qui doit empêcher tout malentendu, par exemple l'amputation des membres en vue de ma conservation, le danger, auquel j'expose ma vie pour la conserver, etc. ; cette détermination relève de la morale proprement dite.)

Deuxièmement, en ce qui concerne le devoir nécessaire envers les autres (ce qui leur est dû), celui qui pense à une promesse mensongère verra tout de suite qu'il veut se servir d'un autre homme *comme d'un simple moyen*, sans que celui-ci contienne en même temps la fin en lui. Car celui que je veux utiliser pour mes fins au moyen d'une telle promesse ne saurait en aucun cas souscrire à la manière dont je procède à son égard ni de ce fait contenir en lui-même la fin de cette action. Cette contradiction avec le principe de l'humanité saute encore plus nettement aux yeux si on prend des exemples d'atteintes à la liberté ou à la propriété des autres. Car on voit alors clairement que celui qui transgresse les droits des hommes ne pense à se servir des autres que comme de simples moyens, sans considérer qu'en tant qu'êtres raisonnables ils doivent toujours être en même temps appréciés comme des fins, c'est-à-dire comme des êtres qui doivent aussi pouvoir contenir en eux la fin de cette même action [...].

Troisièmement, en considération du devoir contingent (méritoire) envers soi-même, il ne suffit pas que l'action ne contredise pas l'humanité comme fin en notre personne, il faut encore qu'elle *s'accorde avec celle-ci*. Il y a dans l'humanité des dispositions en vue d'une plus grande perfection, qui font partie de la fin de la nature eu égard à l'humanité dans le sujet que nous sommes ; négliger celles-ci serait au mieux compatible avec la *conservation* de l'humanité comme fin en soi, mais non avec la *promotion* de cette fin.

Quatrièmement, concernant le devoir méritoire envers les autres, la fin naturelle de tous les êtres humains est leur bonheur. Or l'humanité pourrait certes subsister, si nul ne contribuait au bonheur de l'autre, sans rien faire toutefois qui diminuât celui-ci : mais ce ne serait là qu'une concordance négative et non positive avec *l'humanité comme fin en soi*, si chacun ne s'efforçait pas aussi de promouvoir les fins des autres, autant que cela dépend de lui. Car si la représentation du sujet qui est en lui-même une fin doit produire chez moi tous ses effets, les fins de ce sujet, autant qu'il est possible, doivent être aussi *mes* fins[27]. »

---

[27] EMMANUEL KANT. *Fondement pour la métaphysique des mœurs* (1785) (2ᵉ section, p. 68-72). Paris, 2000 © Hatier.

Questions sur le texte

1. En vous appuyant sur le premier paragraphe, expliquez la comparaison que fait Kant entre la notion de personne et celle de chose.

2. « Agis de telle sorte que tu traites l'humanité, aussi bien dans ta propre personne que dans la personne de tout autre, toujours en même temps comme une fin, jamais seulement comme un moyen. » Imaginez des situations où quelqu'un appliquerait cette règle dans ses rapports avec autrui et, ensuite, des situations pour celui qui ne le ferait pas.

3. Cette formulation de l'impératif catégorique renferme une critique de la règle qui dit de ne pas faire à autrui ce que l'on ne voudrait pas qu'il nous fasse dans la même situation. En vous appuyant sur l'éthique kantienne montrez de cette règle qu'elle :

   a) suppose une évaluation des conséquences ;
   b) n'empêche pas l'utilisation d'autrui comme un simple moyen.

4. En vous servant des exemples du texte, montrez en quoi la notion de fin en soi facilite l'application du principe d'universalisation de la maxime. Donnez un exemple.

L'être humain comme fin ultime

Comme l'indique ce long passage, nous sommes, de par notre capacité à reconnaître librement l'obligation de la loi morale en nous, des êtres qui méritons mutuellement et réciproquement le respect. Ce qui amène Kant à formuler à nouveau l'impératif catégorique, mais cette fois à partir de la notion de personne comme fin ultime : *Agis de telle sorte que tu traites l'humanité aussi bien dans ta personne que dans la personne de tout autre, toujours en même temps comme une fin, et jamais seulement comme un moyen*[28]. Cette formulation de l'impératif catégorique, centrée sur la notion de personne humaine, est beaucoup plus humaniste et donc moins formelle que les deux autres analysées plus haut. Le sens est pourtant identique. En effet, celui qui agit de façon à ce que la maxime au fondement de son action individuelle puisse devenir une loi universelle se trouve assuré de respecter sa propre liberté et celle d'autrui. Cette nouvelle énonciation de l'impératif catégorique est d'une importance capitale pour la valorisation de la liberté humaine : elle confère à l'homme une valeur absolue que rien ne peut équivaloir ou remplacer, et exige de chacun de

nous de traiter les autres avec respect. Reportons-nous à l'exemple du mensonge vu précédemment : parce que nous traitons indifféremment autrui avec le même respect, nous nous interdisons de mentir à un individu qui fait peu de cas de son humanité et de celle des autres, quand bien même il serait un grand criminel. Un objet peut toujours être échangé pour un autre, sa valeur marchande exprimant ce qu'il vaut par rapport à un autre. À l'inverse, la personne humaine n'a pas de prix, elle excède toute appréciation mercantile. La notion de personne interpelle fondamentalement le sujet humain dans sa singularité, et c'est pourquoi personne ne peut rabaisser quiconque ou encore soi-même simplement et uniquement à titre

---

[28] EMMANUEL KANT. *Fondement pour la métaphysique des mœurs* (1785) (2e section, p. 70). Paris, 2000 © Hatier.

de moyen pour ses propres fins. Est-ce à dire qu'est interdite toute utilisation de soi-même ou d'autrui à titre de moyen? À cette question, Kant répond non. Une bonne partie des rapports humains et de l'activité sociale repose sur la nécessité de recourir à autrui comme à un moyen pour servir nos desseins. Régulièrement, nous faisons appel aux services rémunérés de quelqu'un ou nous utilisons à notre avantage notre force physique, notre intelligence dans le but de gagner notre vie. Selon Kant, ce type de rapports est inévitable et même avantageux pour les multiples entreprises humaines. En revanche, ce qu'il condamne catégoriquement, c'est de voir en l'autre un simple moyen : c'est le sens qu'il faut donner à l'expression : *jamais seulement comme un moyen* pour arriver à nos fins. Si l'on peut se débarrasser sans mal d'une automobile en l'envoyant à la ferraille, on ne peut, sans entrer en contradiction avec soi-même, en faire autant avec les hommes. On ne peut jamais, au nom de ses projets ou de ses intérêts, se servir d'autrui en le brimant ou en portant atteinte à sa personne.

Questions de compréhension

1. Imaginez des situations où nous utilisons autrui sans pour autant le réduire à un simple moyen.

2. Imaginez maintenant des situations où autrui est toujours réduit à un simple moyen.

3. Que penserait Kant de la prostitution ? De l'esclavage ?

4. En vous rapportant à l'exemple du mensonge, demandez-vous si, selon Kant, mentir à l'individu qui voudrait s'en prendre à votre ami revient à le traiter comme une chose.

Dans un autre ordre d'idées, le principe du respect renforce l'idée de la hiérarchie des devoirs discutée plus haut, surtout lorsqu'il faut choisir entre deux obligations de même nature. Pour illustrer ce point, prenons le cas de l'étudiant rapporté par Jean-Paul Sartre dans *L'existentialisme est un humanisme*. Cet exemple désormais célèbre décrit la situation d'un jeune étudiant qui oscille entre le devoir de rejoindre les Forces françaises libres pour défendre la nation contre les Allemands et le devoir de rester auprès de sa mère pour l'aider à vivre, cette dernière étant séparée de son mari et durement éprouvée par la mort de son fils aîné tué par les troupes allemandes. D'après Sartre, aucune morale ne peut dire au jeune homme ce qu'il doit faire. Il est permis de penser que Kant contesterait ce point de vue. Il ferait remarquer que la morale est une affaire d'obligation impérative et non une simple question de choix. Si un choix peut toujours être discuté, en revanche le devoir s'impose. Et c'est pourquoi il ne saurait y avoir de conflit entre deux obligations morales. Au risque de nier l'évidence du devoir, il faut admettre qu'entre deux actions, il y en a toujours une qui l'emporte sur l'autre. Dans le cas qui nous occupe, deux devoirs larges envers autrui s'affrontent. Lequel doit être privilégié ? À s'en tenir aux

> Ce jeune homme avait le choix, à ce moment-là, entre partir pour l'Angleterre et s'engager dans les Forces françaises libres – c'est-à-dire, abandonner sa mère – ou demeurer auprès de sa mère, et l'aider à vivre. Il se rendait compte que cette femme ne vivait que par lui et que sa disparition et peut-être sa mort – la plongerait dans le désespoir. Il se rendait compte qu'au fond, concrètement, chaque acte qu'il faisait à l'égard de sa mère avait son répondant, dans ce sens qu'il l'aidait à vivre, au lieu que chaque acte qu'il ferait pour partir et combattre était un acte ambigu qui pouvait se perdre dans les sables, ne servir à rien : par exemple, partant pour l'Angleterre, il pouvait rester indéfiniment dans un camp espagnol, en passant par l'Espagne ; il pouvait arriver en Angleterre ou à Alger et être mis dans un bureau pour faire des écritures.
>
> JEAN-PAUL SARTRE. *L'existentialisme est un humanisme* (collection «Folio Essais», p. 41-42). Paris, 1996 © Éditions Gallimard.

seuls énoncés de la classification des devoirs, il serait difficile de répondre à cette question, puisque Kant ne donne aucune indication précise sur le sujet. Il doit pourtant bien y avoir un moyen de le savoir. Le principe du respect fournit la clé. Pour tout dire, Kant estimerait qu'en vertu de ce principe, le premier devoir du jeune homme est de rester auprès de sa mère. Confronté au désarroi de cette femme et sachant qu'il est le seul à pouvoir l'aider, il serait difficile de ne pas interpréter son départ comme un manque de bienveillance et une attitude d'indifférence à l'endroit de celle-ci. Mais il faut bien comprendre que s'il reste, cela n'annule pas le second devoir, celui à l'égard de la collectivité. Sauf que dans ce cas, rien n'empêche d'imaginer d'autres actions que celle de s'engager dans les forces armées, qui permettent à l'étudiant de répondre à son devoir à l'égard de son pays. Si l'on considère maintenant cet exemple à la lumière du principe kantien du respect, il permet à nouveau de réaffirmer l'idée selon laquelle le poids de la collectivité n'a pas en principe de priorité sur l'individu. La liberté confère à l'homme une dignité qui ne saurait être supplantée par le bien-être de la société tout entière.

Au demeurant, le principe du respect de la personne se trouve au fondement d'une série de droits fondamentaux qui, sur les plans politique et juridique, assurent à l'individu une protection non seulement contre la barbarie de certains actes comme le meurtre, la torture, le viol, le vol, bref contre toutes les formes d'agression et de violence qui font obstacle à la liberté d'autrui, mais aussi contre les multiples formes d'instrumentalisation de la vie humaine. Et ce n'est pas tout. Le principe du respect ne se limite pas à sa seule capacité de réduire les conflits entre les libertés individuelles, en interdisant

Jean-Paul Sartre
(1905-1980)

Philosophe, romancier et homme de théâtre, Sartre fut l'un des rares intellectuels français à être connu par un vaste public et à servir de maître à penser à la jeunesse. L'expérience de la Seconde Guerre mondiale a marqué un tournant dans sa vie.

Jean-Paul Sartre en 1950.

Confrontée à l'absurdité des événements et au dégoût de l'existence, toute l'œuvre de Sartre est habitée par le refus de réduire l'homme à la fatalité. Pour Sartre, la liberté de l'individu est absolue, il est maître de ses choix, du sens de sa vie et, plus globalement, de celui de l'histoire. Cette conception de l'homme condamné à choisir sans autre justification que celle de devoir choisir sera popularisée sous le nom d'existentialisme. La philosophie de Sartre débouche sur une morale humaniste où les valeurs de l'engagement et de la responsabilité occupent une place centrale. Par ses nombreuses implications politiques, Sartre a su montrer tout au long de sa vie l'importance de l'action concrète et intellectuelle pour la mise en place d'un monde véritablement humain et libre.

Parmi ses écrits, soulignons : *La Nausée* (1938) ; *Le Mur* (1939) ; *L'Imaginaire* (1940) ; *L'Être et le Néant* (1943) ; *L'existentialisme est un humanisme* (1946) ; *Réflexions sur la question juive* (1946) ; *Baudelaire* (1947) ; *Critique de la raison dialectique* (1960) ; *Situations* (1947-1965) ; *L'Idiot de la famille* (1972).

toutes les actions qui font d'autrui un simple moyen pour ma liberté. Il exige que l'on supporte autrui et que l'on contribue à son bonheur ; autrement dit, il se manifeste également par l'intérêt, la bienveillance, l'encouragement, le soutien que nous manifestons à l'endroit des projets d'autrui. À l'inverse, le mépris, l'indifférence, l'humiliation, le dénigrement sont des attitudes qui nient l'humanité que porte tout être en lui. Il faut toutefois prendre garde de ne pas confondre respect et complaisance : chercher à plaire à quelqu'un n'est pas une preuve de respect. On peut, sans le vouloir, offenser quelqu'un en lui manifestant sa considération. Par exemple, si j'empêche un ami de prendre son automobile après une soirée bien arrosée, il se peut fort bien qu'il le prenne mal. Mais peu importe que cela lui déplaise, le geste n'est pas abusif ni déraisonnable ! Par ailleurs, dans les mêmes circonstances, on s'attendrait à la réciproque. C'est une simple question d'attention pour les autres, qui, chez Kant, porte le nom de devoir large envers autrui.

© Département américain de la défense

Nier l'humanité : la prison Abu Ghraib en Irak, en 2004. Onze soldats américains, dont Lynndie England (sur la photo), ont été jugés et condamnés en 2005 pour les sévices commis à l'endroit des prisonniers.

Et les animaux… ?

Comment l'éthique kantienne voit-elle les rapports entre l'homme et les animaux et, d'une façon plus globale, entre l'homme et la nature ? S'il est vrai que seul le premier mérite d'être respecté du fait de sa nature rationnelle, faut-il conclure que nous n'avons aucun devoir à l'égard des autres formes de vie ?

« Relativement au Beau, même inanimé, dans la nature, une propension à la pure destruction est contraire au devoir de l'homme envers lui-même. En effet, il affaiblit ou éteint en l'homme ce sentiment qui, à la vérité, sans être par lui seul déjà moral, prépare du moins ce climat de sensibilité qui favorise beaucoup la moralité, je veux dire celui qui permet d'aimer quelque chose indépendamment de tout dessein utilitaire (par exemple les belles cristallisations, l'indescriptible beauté du règne animal).

Relativement à cette partie de la création qui est vivante quoique dépourvue de raison, la violence assortie de cruauté dans la façon de traiter les animaux est encore plus profondément opposée au devoir de l'homme envers lui-même, parce que cela émousse en l'homme la sympathie à l'égard de leurs souffrances, affaiblit et anéantit peu à peu une disposition naturelle, très profitable à la moralité dans les relations avec les autres hommes – bien qu'il soit, entre autres, permis à l'homme de tuer les animaux d'une façon expéditive (sans torture), ou de leur imposer un travail (puisque aussi bien les hommes doivent eux-mêmes s'y soumettre) à condition qu'il n'excède pas leurs forces ; en revanche il faut exécrer les expériences physiques au cours desquelles on les martyrise au seul profit de la spéculation, alors qu'on pourrait se passer d'elles pour atteindre le but visé. Mieux, la reconnaissance pour les services longtemps rendus par un vieux cheval ou un vieux chien (tout comme s'ils étaient des hôtes de la maison) appartient indirectement au devoir de l'homme, c'est-à-dire au devoir observé en considération de ces animaux, mais directement considérée, cette reconnaissance n'est jamais que devoir de l'homme envers lui-même[29]. »

---

[29] EMMANUEL KANT. *Métaphysique des mœurs*. Dans *Œuvres complètes* (collection « La Pléiade », tome III, p. 733-734). Paris, 1986 © Éditions Gallimard. (Traduit par Joëlle Masson et Olivier Masson.)

L'appartenance au règne animal ne suffit pas à fonder la notion de respect. Seul l'homme mérite le respect puisque, du fait de son libre arbitre, il est le seul à pouvoir s'imposer des obligations appelées devoirs moraux. Lui seul est capable d'être l'auteur de ses actes, d'agir de façon libre. L'inverse n'est pas vrai : les animaux n'ont pas de devoirs envers les hommes. Il n'y a donc pas de relation de réciprocité entre l'homme et l'animal. Par contre, cela ne signifie par pour autant que l'homme puisse disposer de la nature et des êtres vivants comme bon lui semble. Une attitude purement utilitaire vis-à-vis de l'environnement naturel est, pour Kant, toujours suspecte. Car en réduisant ce dernier à l'état de simple moyen pour les fins humaines, l'homme perd beaucoup de sa bienveillance et de sa sympathie à l'endroit de ce qui l'entoure.

Dans la perspective humaniste défendue par Kant, la question des droits ne concerne pas le bonheur ou le plaisir, mais la liberté. Elle s'applique uniquement à des êtres qui ont la capacité de s'arracher aux déterminations biologiques et d'agir par bonne volonté au nom de fins universelles. C'est pour cette raison que, selon Kant, les animaux n'ont pas de droits.

© Patrice Gauthier 2010

L'indifférence à la souffrance animale et la perte de sensibilité aux belles choses de la nature sont donc contraires au développement des sentiments qui fortifient le sens de notre humanité. À l'inverse, celui qui éprouve de la gratitude pour les services rendus par son animal domestique ou qui se laisse facilement émouvoir par la beauté d'un paysage naturel ou par celle d'un animal sauvage fait preuve d'une attitude propice à la moralité et au respect. Autrement dit, l'expérience des belles choses naturelles nous apprend à devenir meilleurs. Or, comme nous l'avons vu plus haut, il est de notre devoir

(devoir large envers soi-même) de travailler à notre améliora-tion en cultivant nos dons et talents. Par conséquent, s'il est vrai que respecter la nature et la vie animale fortifie notre hu-manité, l'homme a le devoir de s'interdire tout acte de cruauté envers les animaux.

Mais, au risque de nous répéter, n'oublions jamais que ce type de devoir est à comprendre comme un devoir envers l'homme et non comme un devoir envers l'animal lui-même. Il faudra attendre l'éthique utilitariste pour fonder rationnelle-ment la notion de devoir envers le monde animal.

Questions sur le texte

1. Expliquez pourquoi Kant estime que les animaux n'ont pas de droits.

2. À la fin de l'extrait, Kant affirme que la considération à l'endroit des animaux « n'est jamais que devoir de l'homme envers lui-même ». Pourquoi ?

Question de compréhension

Que penserait Kant de l'utilisation des animaux dans les labora-toires de recherches de toutes sortes (médicales, alimentaires, phar-maceutiques, etc.) et dans les activités de divertissement (chasse, zoo, etc.) ?

Le respect est un sentiment rationnel

L'introduction de la notion de respect revêt une importance capitale pour l'éthique kantienne. Par le peu d'intérêt accordé à la dimension affective, Kant est bien conscient que la pers-pective strictement rationaliste de son éthique risque de la faire apparaître comme une vision désincarnée, c'est-à-dire qui ne tient pas compte de la condition humaine. Or, le respect est bel et bien un sentiment, mais d'une espèce particulière. C'est un sentiment qui ne doit rien à l'inclination ou à l'amour de soi, et qui tire sa force de la raison. En prenant conscience que respecter la loi morale, c'est assurer la liberté de notre volonté, nous ne pouvons ressentir, dira Kant, que de l'admiration à l'endroit de cette même loi morale. Autrement dit, le caractère universel de l'impératif catégorique force le respect. Car le respect que nous avons pour quelqu'un est toujours le respect d'un principe. Et le principe moral digne de la plus grande considération n'est-il pas celui qui demande de toujours tenir compte des autres ? Lorsque nous faisons montre d'une attitude respectueuse à l'égard d'autrui, nous nous engageons forcément à traiter celui qui nous fait face d'une manière impartiale, comme l'exige l'impératif catégorique.

Dans une note de la première section du *Fondement pour la métaphysique des mœurs*, Kant écrit :

« On pourrait me reprocher de ne chercher derrière le terme de *respect* qu'un refuge auprès d'un sentiment obscur, au lieu de fournir un renseignement clair sur la question au moyen d'un concept de la raison. Mais si le respect est bien un sentiment, il ne s'agit cependant pas d'un de ceux qui sont reçus par influence, mais d'un sentiment spontanément produit par un concept de la raison et donc spécifiquement distinct en ce sens de tous ceux de la première espèce, qui peuvent être rapportés à l'inclination ou à la crainte. Ce que je reconnais immédiatement comme loi pour moi-même, je le reconnais avec respect, ce qui signifie uniquement que j'ai conscience de la subordination de ma volonté à une loi, sans la médiation d'autres influences qui s'exerceraient sur mon sens interne. La détermination immédiate de la volonté par la loi et la conscience que j'en ai, c'est ce qui s'appelle le respect, si bien que celui-ci est considéré comme un effet de la loi sur le sujet et non comme sa cause. Le respect est proprement la représentation d'une valeur qui porte préjudice à l'amour de soi. C'est donc quelque chose qu'on ne considère ni comme un objet d'inclination, ni comme un objet de crainte, bien qu'il ait quelque chose d'analogue à la fois avec l'un et l'autre. L'objet du respect est donc seulement la loi, et plus précisément celle que nous nous imposons à nous-mêmes et qui n'en est pas moins nécessaire en soi. En tant qu'elle est la loi, nous lui sommes soumis, sans avoir à consulter pour cela l'amour de soi ; en tant que nous nous l'imposons nous-mêmes, elle est pourtant une conséquence de notre volonté et elle a sous le premier rapport une analogie avec la crainte, sous le deuxième avec l'inclination. Tout respect pour une personne n'est proprement qu'un respect pour la loi (de l'honnêteté, etc.), dont cette personne nous donne l'exemple. Comme nous considérons également le développement de nos talents comme un devoir, nous nous représentons aussi une personne de talent comme étant en quelque sorte l'exemple d'une loi (qui nous impose de devenir ressemblant à cette personne au moyen de l'exercice), et c'est ce qui justifie notre respect envers elle. Tout ce qu'on appelle intérêt moral consiste uniquement dans le respect pour la loi[30]. 〉〉

Questions sur le texte

1. Comment Kant justifie-t-il le fait que le respect est un sentiment qui ne dérive pas de l'inclination ?

2. « Tout respect pour une personne n'est proprement qu'un respect pour la loi (de l'honnêteté, etc.), dont cette personne nous donne l'exemple. » Cela veut-il dire que nous ne devons de respect qu'aux personnes respectables ?

---

[30] EMMANUEL KANT. *Fondement pour la métaphysique des mœurs* (1785) (1re section, note en bas de page, p. 27-28). Paris, 2000 © Hatier.

LA LIBERTÉ MORALE : UN IDÉAL À RÉALISER

Le principe du respect de la personne a des conséquences pratiques qui sont loin d'être négligeables. Grâce à lui, Kant compte parmi les auteurs modernes qui ont le plus contribué à la reconnaissance des droits de l'homme. Il n'est pas exagéré de dire du principe kantien de respect d'autrui qu'il incarne l'esprit même de la *Déclaration universelle des droits de l'homme*. Même Karl Marx, si critique habituellement à l'endroit de Kant, sera marqué par cette idée. Dans son analyse de l'aliénation de l'être humain, réduit par le capitalisme au rang de marchandise et de force de travail, on sent bien en effet toute l'influence de l'humanisme de Kant. En attribuant à l'homme une dignité inviolable, l'éthique kantienne s'oppose à toute forme d'exploitation de l'homme par l'homme (par exemple, l'esclavage), elle condamne toute forme d'action qui utilise autrui en le privant de sa liberté ou en le réduisant à l'état de chose.

Le principe du respect d'autrui nous fait également espérer un monde où régnerait une union pacifique entre les hommes et les États, un monde où tous les peuples de la terre seraient réunis par des lois universelles porteuses de liberté, c'est-à-dire respectueuses des souverainetés nationales et de la diversité des peuples.

Quelle belle utopie, diront certains ! Il y a peu de chances que l'on puisse un jour vivre dans un tel monde – que Kant appelle « État des nations ». Kant lui-même le reconnaît. Il s'agit là d'une émanation de la raison, d'une croyance morale qui sert à fixer son horizon à l'agir humain et son sens à l'histoire des hommes.

Voilà pourquoi la morale ne peut vivre en chacun de nous qu'à titre d'idéal. L'éthique kantienne et son exigence d'universalité sont là pour rappeler à l'homme qu'il est un être en attente de réalisation, un être qui doit apprendre à vivre avec un projet de liberté qui ne contredit pas ce que signifie être libre. On oublie trop souvent qu'il est contradictoire de s'imaginer agir librement et d'oublier de faire ce qui doit être fait pour juger et agir en toute liberté.

Il est intéressant de souligner que la création, en 1920, de la Société des nations (SDN), ancêtre de l'ONU (1946) dont le but était le maintien de la paix et de la sécurité internationales, s'est beaucoup inspirée de Kant. Voir *Projet de paix perpétuelle* de Kant (1796).

Car la liberté a, comme toute chose d'ailleurs, ses propres exigences. Celui qui désire nager, manger, étudier, voyager doit faire le nécessaire afin de nager, manger... Pour la liberté, c'est la même chose. À la différence que, dans le cas de la liberté, on ne peut qu'espérer être libre. L'homme doit sans cesse chercher à s'élever à la hauteur de ce qui doit le rendre libre : voilà pourquoi la morale ne peut être l'objet que d'une espérance. Bref, la morale est certes un idéal, mais combien nécessaire pour ne pas désespérer du présent et du flot de barbarie et de violence qui accompagne depuis ses débuts l'histoire des hommes. À ne considérer que la fin du XXe siècle avec ses massacres, ses camps de réfugiés, ses idéologies arrogantes (Bosnie, Rwanda, Kosovo, etc.), comment ne pas douter de la liberté de l'être humain, de sa volonté de reconnaître l'humanité de l'homme ? Comment ne pas devenir pessimiste, peut-être même cynique, quant à l'avenir de l'humanité ? Sans compter que nous sommes loin d'avoir gagné notre pari pour la reconnaissance des droits de la personne à l'échelle mondiale : la torture est toujours utilisée comme instrument de répression, les préjugés religieux et ethniques continuent de faire des victimes, la pauvreté dans le monde force des millions d'enfants à travailler, le flot va croissant des réfugiés, des sans-abri, etc. En effet, que devient l'humanité de l'homme quand les avancées des sciences de la vie (biologie, génétique) sur le clonage, les recherches sur l'embryon, les manipulations génétiques, etc., nous habituent à considérer de plus en plus le corps humain comme un simple objet d'échange et de commerce, à évaluer la personne en fonction de la valeur marchande de ses organes ? Comment, dans un tel contexte, ne pas se questionner sur une possible réduction de l'être humain au statut de pur matériel vivant, objet de rentabilité et de spéculation comme tout le reste ?

Déclaration des droits de l'homme et du citoyen, 1789.
Article 1 de la *Déclaration universelle des droits de l'homme* adoptée en 1948.
« Tous les êtres humains naissent libres et égaux en dignité et en droits. Ils sont doués de raison et de conscience et doivent agir les uns envers les autres dans un esprit de fraternité. »

La philosophie de Kant a ceci de précieux que, refusant de se résigner béatement ou de capituler sans condition devant les situations les plus inquiétantes, elle nous indique de façon exemplaire comment il est possible de travailler à réaliser petit à petit ce qui n'est pas encore, mais qui pourtant doit être. L'idéal de la liberté morale n'est donc pas un doux rêve utopique à l'usage des contemplatifs et des désespérés de ce monde, mais quelque chose qui pousse à agir, qui donne la force nécessaire pour reconnaître avec lucidité qu'en matière de progrès moral, il ne faut pas s'attendre à des miracles.

Question de compréhension

Quel rapprochement peut-on établir entre l'Article 1 de la *Déclaration universelle des droits de l'homme* et le principe kantien du respect de la personne ?

ÉLÉMENTS DE CRITIQUE
Un rationalisme excessif

Un des aspects les plus souvent contestés de l'éthique kantienne est sans nul doute son excès de rationalisme, qui la rend si formelle, si rigoureuse et si abstraite. On fait valoir que l'homme kantien apparaît comme un être austère et rigide, soumis à des exigences intellectuelles démesurées qui frôlent l'obsession. Il faut toutefois admettre que Kant n'a jamais prétendu réduire les multiples dimensions de l'expérience morale à une simple question de raisonnement logique. À ses yeux, le rationalisme n'occupe pas toute la place de la vie morale; il est une réponse au but qu'il s'est fixé, à savoir découvrir un principe universel et nécessaire à la moralité, capable de résister au relativisme de nos jugements de valeur. Une fois ce fondement trouvé, l'éthique kantienne débouche sur des considérations beaucoup moins formelles, beaucoup plus réalisables et concrètes, comme en témoigne l'importance accordée à la notion de respect de la personne humaine. Malgré cela, on est en droit de se demander si Kant ne pousse pas trop loin la rigueur formelle de son éthique en refusant, par exemple, l'existence de dilemmes entre des règles de conduite universalisables. Il ne saurait y avoir de véritables conflits de devoirs selon le principe logique de non-contradiction. Cela laisse entendre que nos doutes, nos incertitudes, nos angoisses devant les nombreuses situations où il est difficile de savoir ce que nous devons faire auraient pour cause un manque de jugement de notre part: si nous savions mieux écouter notre raison, nous pourrions éviter tous ces déchirements intérieurs. Théoriquement, cela est bien beau, mais le problème demeure: le pouvons-nous? Ne serait-il pas plus facile de suivre Kant s'il admettait, pour des cas particulièrement épineux (comme dans le cas du mensonge, vu plus haut), que l'exception puisse l'emporter sur la règle morale, sans pour autant renoncer à l'exigence d'universalité propre à son éthique ? Car, après tout, l'exception ne confirme-t-elle pas la règle ?

Une conception puriste du bonheur

La morale du devoir implique de renoncer grandement à la poursuite du bonheur, de cet état qui donne à nos projets et à nos multiples désirs le sentiment que notre vie est chargée de sens. Pourtant, admet Kant, la tendance au bonheur ne peut conduire à la morale. Ce n'est pas pour être heureux que le devoir moral s'impose à nos consciences, mais pour que nous agissions selon des lois qui révèlent la liberté de la pensée humaine. Résultat d'un travail acharné et constant sur soi, la morale se jauge à la force et à la vigilance de la personne qui a la volonté de faire ce que sa conscience lui dicte d'accomplir, et non au degré de satisfaction, de joie ou de contentement qu'elle éprouve dans son existence. Dans ces conditions, on peut se demander ce qui peut bien pousser l'homme à vouloir se conduire moralement puisque cela non seulement ne le rend pas plus heureux, mais pourrait même nuire à son bonheur. Quels désirs, quelles motivations reste-t-il à l'homme le moindrement rationnel, qui l'inciteraient à s'ouvrir à une perspective morale si, pour ce faire, il doit ne pas penser à son propre bonheur ? Kant répond en démontrant que l'important n'est pas tant de vouloir être heureux que de se rendre digne du bonheur. Mais là encore, cette réponse prête à de nombreuses objections. Elle réduit la recherche du bonheur à quelque chose de purement conceptuel et la vide de tout contenu affectif pour la penser dans sa seule dimension idéale. Pour tout dire, la position kantienne semble contredire l'expérience réelle du bonheur humain. Comparée à l'enthousiasme des contemporains pour le culte du bien-être personnel, de la satisfaction immédiate et de la possession insatiable de biens matériels, l'éthique kantienne, avec son idéal d'abnégation, d'arrachement à soi et de désintéressement, paraît bien triste.

Une morale trop subtile

Une des questions que soulève l'éthique kantienne concerne la difficulté pour un individu d'évaluer la moralité de ses propres actions. Selon Kant : « […] lorsque nous considérons avec attention l'expérience de la conduite des hommes […] on ne peut apporter aucun exemple certain de la volonté d'agir par pur devoir. Même si certaines actions sont conformes à ce que le devoir commande, il n'en est pas moins toujours douteux qu'elles aient été véritablement accomplies par devoir et qu'elles aient par conséquent une valeur morale[31]. » Comment ne pas douter de la valeur morale de nos actions lorsque Kant admet lui-même être incapable de trouver un seul exemple d'action accomplie par devoir ? Conscient du problème, il propose la notion de bonne volonté pour y remédier. Mais là encore, on est en droit de se demander si la difficulté ne reste pas entière. Voyons pourquoi.

Au dire de Kant, agir par bonne volonté, c'est faire tout ce que nous pouvons pour accomplir notre devoir, quelles qu'en soient les conséquences. Imaginons un pyromane qui a cherché par tous les moyens à se défaire de son obsession. Il a consulté, entrepris des traitements, changé ses habitudes de vie, s'est départi de tous les objets susceptibles de l'induire en tentation… et malgré tout, un jour, il met le feu à un immeuble. Comment

---

[31] EMMANUEL KANT. *Fondement pour la métaphysique des mœurs* (1785) (2ᵉ section, p. 35). Paris, 2000 © Hatier.

ne pas condamner son geste pour son manque de volonté ? Le devoir moral n'est-il pas, pour Kant, un principe objectif d'action, dont l'existence est indépendante de la question de savoir si nous avons suffisamment de bonne volonté pour l'accomplir ? Autrement dit, ce n'est pas parce qu'un individu ne peut pas s'empêcher de mentir que le devoir de dire la vérité n'existe pas. Pourtant, si nous admettons avec Kant qu'à l'impossible nul n'est tenu, il n'est pas simple de savoir dans quelle mesure notre pyromane peut se reprocher d'avoir échoué s'il a loyalement usé de tout son pouvoir et de toute sa volonté pour réussir. Il serait sinon invivable de constamment se sentir responsable d'avoir à un moment donné manqué de bonne volonté en raison de facteurs qui ne dépendaient pas de nous.

En somme, autant du côté du devoir que du côté de la bonne volonté, il est ardu de savoir si nous agissons moralement, car si la conformité de nos actions au devoir n'est pas une preuve de moralité, l'incapacité pour notre volonté d'être à la hauteur du devoir ne permet pas davantage de conclure à une absence de bonne volonté.

ET MAINTENANT :
« QUE DOIS-JE FAIRE » POUR ÊTRE LIBRE ?

Application

Notre exploration de l'éthique kantienne serait incomplète si on en restait à l'étude de ses principes. Il faut aussi montrer qu'elle vise une pratique, à défaut de quoi elle perdrait beaucoup en importance. Après tout, pourquoi la morale si elle n'autorisait pas un examen critique des valeurs qui nous guident dans nos actions et dans nos réponses, souvent spontanées, aux nombreuses situations problématiques de nos vies ? S'il est vrai qu'aucune théorie morale, y compris celle de Kant, ne peut répondre avec satisfaction à nos préoccupations personnelles et assumer à notre place nos responsabilités, la réflexion philosophique sur l'action a au moins le mérite de permettre, par les questions qu'elle pose, une évaluation des croyances qui passent généralement pour des évidences et des certitudes.

Pour aborder cet aspect important de la réflexion morale, nous suggérons maintenant un ensemble de questions qui peuvent se poser à propos de l'analyse d'un problème éthique en accord avec la théorie de Kant. Les domaines des affaires, de la science et de la technologie et de la bioéthique se prêtent bien à l'application des principes élaborés par ce philosophe. Prenez garde toutefois de confondre les questions présentées avec son éthique. La position qu'il défend n'est pas aussi rigide que le laisse entendre notre présentation. Un kantien conséquent ne se demande jamais, si son acte respecte les conditions dont nous allons parler. Mais pour les besoins de cet ouvrage, nous pensons qu'il est utile de suivre les points énumérés plus bas afin d'assurer à votre analyse un traitement rigoureux. Ils

peuvent également servir de repères pour réviser les principaux aspects théoriques.

JUGER LIBREMENT OU DE MANIÈRE AUTONOME
SUPPOSE :

• La qualité de la volonté
Y a-t-il preuve de bonne volonté ? Quelles sont les intentions à l'œuvre dans la situation à analyser ? La recherche
du bonheur est-elle le mobile du problème ? Quels sont les
intérêts en cause ?

• La valeur du devoir moral
La situation à comprendre a-t-elle seulement l'apparence
de la moralité ? Est-elle simplement conforme au devoir ?
Est-elle accomplie réellement par devoir ?

• La nature catégorique de l'obligation morale
La situation à vérifier prend-elle la forme d'un simple impératif conditionnel ou d'un véritable impératif catégorique ? Est-il possible d'universaliser la maxime à l'œuvre
sans que cela entraîne une contradiction ?

• La hiérarchie des devoirs
Dans une situation qui donne l'impression d'avoir affaire
à un dilemme moral, les devoirs envers soi-mêmes ont-ils
bien préséance sur les devoirs envers autrui et les devoirs
stricts l'ont-ils sur les devoirs larges ?

• L'absolu respect de la personne
Autrui est-il utilisé seulement comme un moyen pour les
besoins de la situation ? Autrui est-il traité avec bienveillance (à ne pas confondre avec la complaisance) ? Les

droits de la personne sont-ils sacrifiés au nom du bien-être de la collectivité ?

POUR ALLER PLUS LOIN

On ne se lance pas dans la lecture de l'œuvre de Kant en choisissant n'importe lequel de ses écrits. Pour éviter de tomber sur un ouvrage où le style et les sujets traités par l'auteur risquent de décourager tout lecteur de bonne volonté, nous vous suggérons, en plus du *Fondement pour la métaphysique des mœurs*, de commencer par les titres suivants :

- *Leçons d'éthique* (1775-1780)
- *La réponse à la question : qu'est-ce que les Lumières ?* (1784)
- *Idée d'une histoire universelle au point de vue cosmopolitique* (1784)
- Préface à la 2e édition de la *Critique de la raison pure* (1787)
- *Projet de paix perpétuelle* (1795)
- *Anthropologie du point de vue pragmatique* (1798)

Pour faciliter l'accès aux problèmes de la philosophie kantienne, le lecteur peut également recourir aux nombreux commentateurs de Kant. Parmi la très longue liste d'études disponibles, nous vous recommandons deux ouvrages d'introduction ainsi qu'une biographie intellectuelle de Kant (le dernier titre de la liste) :

- *Kant, une révolution philosophique*, de Michèle Crampe-Casnabet, Paris, Bordas, 1989.
- *Emmanuel Kant, Avant/Après*, de Jean Grondin, Paris, Criterion, collection « La création de l'esprit », 1991.
- *Emmanuel Kant. Une vie*, d'Arsenij Goulyga, Paris, Aubier Montaigne, 1981.

L'intérêt bien entendu est une doctrine peu haute, mais claire et sûre. Elle ne cherche pas à atteindre de grands objets ; mais elle atteint sans trop d'efforts tous ceux auxquels elle vise. Comme elle est à la portée de toutes les intelligences, chacun la saisit aisément et la retient sans peine. S'accommodant merveilleusement aux faiblesses des hommes, elle obtient facilement un grand empire, et il ne lui est point difficile de le conserver, parce qu'elle retourne l'intérêt personnel contre lui-même et se sert, pour diriger les passions, de l'aiguillon qui les excite.

La doctrine de l'intérêt bien entendu ne produit pas de grands dévouements ; mais elle suggère chaque jour de petits sacrifices ; à elle seule elle ne saurait faire un homme vertueux ; mais elle forme une multitude de citoyens réglés, tempérants, modérés, prévoyants, maîtres d'eux-mêmes ; et, si elle ne conduit pas directement à la vertu par la volonté, elle en rapproche insensiblement par les habitudes [...]. Je ne craindrai pas de dire que la doctrine de l'intérêt bien entendu me semble, de toutes les théories philosophiques, la mieux appropriée aux besoins de notre temps, et que j'y vois la plus puissante garantie qui leur reste contre eux-mêmes.

ALEXIS DE TOCQUEVILLE. *De la démocratie en Amérique* (p. 513). Paris, Robert Laffont, 1986.

L'ÉTHIQUE UTILITARISTE
OU LES CRITÈRES
DU BONHEUR

MISE EN PERSPECTIVE

Pourquoi l'utilitarisme aujourd'hui ?

Dans sa forme classique, l'utilitarisme doit son nom à deux célèbres philosophes anglais, Jeremy Bentham et John Stuart Mill. On considère généralement le premier comme le fondateur de la doctrine, le second comme celui qui l'a raffinée en précisant certains éléments laissés en suspens par Bentham. Il ne faudrait toutefois pas penser que l'utilitarisme s'arrête avec Mill. La doctrine a connu tout au long du XXᵉ siècle de nombreux remaniements et transformations. Mais comme les questions débattues par l'utilitarisme contemporain demeurent difficiles d'accès sans une compréhension préalable de l'utilitarisme classique, nous avons pris le parti de nous limiter, pour des raisons pédagogiques, à la présentation de la version dite « classique ». Par ailleurs, il ne faut pas s'attendre à retrouver un exposé détaillé et systématique de la pensée propre à chacun des deux auteurs. Ils seront étudiés non pour eux-mêmes, mais à titre de représentants de la doctrine utilitariste. Tout au long des

L'Utilitarisme
(1861)
John Stuart Mill

Table des matières

Préface

Chapitre I :
Considérations générales

Chapitre II :
Ce que c'est que l'utilitarisme

Chapitre III :
De la sanction dernière du principe de l'utilité

Chapitre IV :
De quel genre de preuve le principe de l'utilité est susceptible

Chapitre V :
Du lien qui unit la justice et l'utilité

Des cinq chapitres qui composent le texte de L'Utilitarisme, nous reproduisons la quasi-totalité du chapitre II ainsi que plusieurs extraits des chapitres I, IV et V.

pages qui vont suivre, les deux auteurs sont, en règle générale, traités ensemble, sauf lorsque Mill s'oppose à Bentham ou qu'il lui apporte des précisions ou des correctifs importants. Enfin, la majorité des passages reproduits dans ce chapitre sont tirés du célèbre livre de Mill, *L'Utilitarisme*, publié en 1861. Nous avons fait ce choix pour la simple raison qu'il s'agit d'un texte où l'auteur, tout en défendant les thèses de la philosophie morale de Bentham contre les nombreuses critiques qui lui avaient été adressées, espère donner une forme définitive à l'utilitarisme. Notons que les textes de Bentham consacrés à la philosophie morale, *Fragment sur le gouvernement* (1776), *Introduction aux principes de morale et de législation* (1789) et *Traités de législation ci*

Londres aux temps de Mill.

vile et pénale (1802) demeurent peu connus des lecteurs francophones. Plus de deux siècles après sa parution, le second texte n'est pas encore disponible en traduction française, ce qui est pour le moins étonnant lorsqu'on connaît toute l'importance politique de l'utilitarisme dans une Angleterre qui, à l'époque de Bentham, gouverne plus d'un quart de l'humanité.

Jeremy Bentham
(1748-1832)

Jeremy Bentham, un réformateur de génie, naît à Londres en 1748. Il est fils et petit-fils de juriste, et son père voulait en faire un avocat. Il est admis à l'université d'Oxford alors qu'il n'a pas encore treize ans. Pendant ses études, Bentham est cependant déçu par l'état du droit alors en vigueur en Angleterre. Aussi refusera-t-il d'exercer sa profession lorsqu'il sera admis au barreau en 1766. Il consacrera le reste de sa vie à l'étude du droit, avec l'intention de réformer les règles de fonctionnement des institutions publiques, comme le système des prisons et de l'éducation. Cette orientation l'amènera à l'étude de la philosophie. En 1774, Bentham se fiance avec une amie de la famille, Mary Dunkley. Son père parviendra en quelques mois seulement à faire rompre les fiançailles. Bentham restera célibataire et mènera l'existence d'un travailleur acharné. Son œuvre est colossale. Elle comprend plus de dix millions de mots publiés, plus de mille cinq cents lettres et près de deux cents boîtes de manuscrits conservés à la bibliothèque de l'Université de Londres, à la création de laquelle il travailla en 1826 ; c'était la première université fondée en Angleterre depuis le Moyen Âge. Ses nombreux essais sur des questions morales, politiques et juridiques contribueront à la naissance du socialisme britannique. Il a profondément marqué la vie politique de l'Angleterre du premier quart du XIXe siècle et jouit d'une solide réputation internationale. Mort en 1832, à l'âge de quatre-vingt-quatre ans, il fut à sa demande momifié avec ses habits et exposé dans une vitrine de l'université de Londres (photo ci-contre). Il y est encore aujourd'hui.

Jeremy Bentham par Henry William Pickersgill (1875).

Corps momifié de Bentham surmonté d'une tête en cire. Sa vraie tête est à ses pieds.

Parmi ses écrits, soulignons : *Fragment sur le gouvernement* (1776) ; *Introduction aux principes de la morale et de la législation* (1789) ; *Traités de législation civile et pénale* (1802) ; *Théorie des peines et des récompenses* (1811) ; *Code constitutionnel* (1830) ; *Déontologie ou Système de la morale* (œuvre posthume publiée en 1834).

John Stuart Mill
(1806-1873)

John Stuart Mill, fils aîné de James Mill, naît à Londres en 1806. Il ne fréquenta ni l'école ni l'université. Son père, philosophe et historien de renom, fut son unique professeur. Dès l'âge de trois ans, il commença l'étude du grec, puis vers huit, celle du latin. Élevé au sein d'un cercle d'intellectuels et d'hommes politiques amis de son père, dont Jeremy Bentham, il était à quatorze ans considéré comme un spécialiste de l'histoire et des mathématiques. Cette éducation, axée exclusivement sur le développement des connaissances, lui valut de faire à vingt ans une profonde dépression. C'est la lecture de Samuel Coleridge (1772-1834) et de Thomas Carlyle (1795-1881) qui lui redonna goût à la vie. En 1830, il fit la rencontre de Harriet Taylor qui, bien que mariée et mère de deux enfants, allait devenir le grand amour de sa vie. Ce n'est qu'en 1851, trois ans après la mort du mari d'Harriet, que Mill l'épousa. Elle mourut en 1858. Elle eut une énorme influence sur l'engagement social et politique de son action et sur le caractère humaniste de sa pensée. Il fut élu à la Chambre des communes comme député en 1865, mais défait en 1868. Il publia en 1869 un essai intitulé *De l'assujettissement des femmes*, qui contribuera grandement à la cause de l'égalité des sexes. Durant ses dernières années, il décida d'aller vivre en Avignon (France), près du cimetière où reposait sa femme. Il ira la rejoindre en 1873, à l'âge de soixante-sept ans.

Harriet Taylor Mill, née Hardy (1807-1858). Portrait par un artiste inconnu (1834).

Parmi ses écrits, soulignons : *Système de logique inductive et déductive* (1843) ; *Principes d'économie politique* (1848) ; *De la Liberté* (1859) ; *Le Gouvernement représentatif* (1861) ; *L'Utilitarisme* (1861).

Une éthique empiriste

L'utilitarisme fait de la quête du bonheur le fondement même de l'action morale. Selon cette doctrine éthique, il n'existe pas d'autres critères pour évaluer un acte dans ce qu'il a de bon, de juste et de moralement satisfaisant que sa capacité à produire du bonheur. Autrement dit, la valeur d'un acte dépend de la proportion de bonheur qu'il procure. La recherche du bonheur ou du bien-être comme but de la morale n'a rien de nouveau en Occident, c'est un thème qui est au cœur des morales eudémonistes (du grec *eudaïmôn* : heureux) de l'Antiquité. En revanche, si l'idée n'est pas neuve, personne avant Bentham ne s'était donné pour projet d'exposer scientifiquement un système complet de règles permettant à une société d'établir l'ensemble des lois capables de réaliser ce but : le bonheur des hommes. Cette philosophie se dit « utilitariste » parce qu'elle entend évaluer les conduites humaines par leur utilité, c'est-à-dire leur capacité à favoriser le bonheur. Le seul critère en matière de morale est donc le bonheur des individus.

L'utilitarisme est une branche du mouvement politique qui domina l'Angleterre au XIXᵉ siècle : le *radical reformer*, prôné par l'aile démocratique la plus progressiste et la plus réfractaire à la tradition. Ses partisans, dits « les radicaux », réclament des changements profonds de la société dans le sens de la laïcité et du suffrage universel.

Une morale des temps modernes

L'utilitarisme est le courant intellectuel qui domine la philosophie morale, politique et sociale dans les pays anglo-saxons depuis le XIXᵉ siècle. À tel point que l'histoire de la pensée britannique se confond depuis plus de deux siècles avec le développement de cette doctrine. Comme l'éthique kantienne, l'utilitarisme cherche à fonder la morale sur un critère

universel capable de répondre à la question éthique fondamentale : «Que dois-je faire?» Son approche, toutefois, se
situe à l'opposé de celle de Kant. C'est dans le sujet humain,
plus exactement la sensibilité, les besoins, les inclinations
comme dirait Kant, que la morale trouve sa source. Cette manière d'aborder la question de l'action n'est d'ailleurs pas
étrangère à l'esprit du temps. En effet, l'utilitarisme témoigne
d'un effort considérable pour penser la morale à l'ère de la
technique industrielle naissante et du triomphe du capitalisme
qui caractérisent l'Angleterre au début du XIXᵉ siècle. Témoin
des transformations et de l'essor de la vie économique anglaise, l'utilitarisme propose une théorie morale qui s'accorde
avec l'époque, une époque où les conventions sociales traditionnelles et les croyances religieuses perdent de leur évidence,
où il devient difficile d'en appeler à un ordre cosmique ou à
une quelconque figure théologique pour rendre compte des différentes pratiques humaines. Le
goût du jour est à l'efficacité rationnelle de l'action humaine, à ce qui
produit des résultats concrets sou-
haités, plutôt qu'au respect inconditionnel de la coutume et des usages
hérités du passé.

> L'esprit du Siècle des Lumières est marqué par une foi inébranlable dans les capacités humaines. Les progrès accomplis dans les domaines de la science et de la technique font espérer que les hommes auront les moyens de vivre heureux et libérés des croyances anciennes.

Sur plus d'un point, l'utilitarisme se porte à la défense de ce
nouvel idéal en proposant une doctrine morale résolument
tournée vers l'avenir, une doctrine qui a pour objectif une réforme complète des mœurs, des lois et des institutions. Par son
optimisme quant à l'avenir de l'humanité et sa foi dans le progrès technique, l'utilitarisme est un bel exemple d'une philosophie animée par l'esprit des Lumières. La réalisation du
bien-être de la personne et de la liberté individuelle est au cœur

de l'idéal utilitariste. Mais à la différence des Lumières alle-mandes et françaises, les Lumières anglaises doutent des cer-titudes du rationalisme européen. Cela s'explique par le fait que l'utilitarisme, tout comme l'essentiel de la philosophie anglo-saxonne depuis Isaac Newton et John Locke, prend sa source dans l'empirisme anglais. Jusqu'à la moitié du XIXᵉ siècle, la philosophie de Kant demeure à peu près in-connue des penseurs anglais. Sa fameuse *Critique de la rai-son pure*, parue en 1781, ne fut traduite en anglais qu'en 1854.

Isaac Newton
(1642-1727)

Newton est considéré comme l'un des plus grands hommes de science de tous les temps. Avant vingt-cinq ans, il avait inventé le calcul infinitésimal, décrit les propriétés constitutives de la lumière et découvert le concept de gra-vité. Les découvertes de Newton sont à l'ori-gine d'une des plus grandes révolutions dans le domaine de la pensée. Son œuvre maîtresse

Isaac Newton par
Godfrey Kneller
(1689)

est sans contredit les *Principes mathématiques de la philosophie natu-relle*, parue en 1687. Il y expose les lois du mouvement planétaire et for-mule la théorie de l'attraction universelle. Tout aussi remarquable est l'ouvrage publié en 1704 et intitulé *Optique*, dans lequel il démontre par l'expérimentation que la composition de la lumière blanche renferme toutes les couleurs du spectre solaire, du rouge au violet.

John Locke
(1632-1704)

John Locke par
Godfrey Kneller (1697).

Locke occupe une place exceptionnelle dans le développement de la pensée occidentale des deux derniers siècles. Ses réflexions sur la tolérance et sur la légitimité de l'autorité politique ont fortement influencé le développement du libéralisme politique. L'indépendance américaine (1776) et la Révolution française (1789) doivent beaucoup à ses idées politiques. On voit aussi en lui le premier grand théoricien de l'empirisme anglo-saxon. Afin de mieux apprécier le caractère novateur de l'empirisme, nous vous invitons à lire un extrait de l'*Essai sur l'entendement humain* de Locke :

« Supposons que l'esprit soit, comme on dit, du papier blanc, vierge de tout caractère, sans aucune idée. Comment se fait-il qu'il en soit pourvu ? D'où tire-t-il cet immense fonds que l'imagination affairée et illimitée de l'homme dessine en lui avec une variété presque infinie ? Je répondrai d'un seul mot : de l'expérience ; en elle, toute notre connaissance se fonde et trouve en dernière instance sa source ; c'est l'observation appliquée soit aux objets sensibles externes, soit aux opérations internes de l'esprit, perçues et sur lesquelles nous-mêmes réfléchissons, qui fournit à l'entendement tout le matériau de la pensée. Telles sont les deux sources de la connaissance, dont jaillissent toutes les idées que nous avons ou que nous pouvons naturellement avoir. »

JOHN LOCKE. *Essai sur l'entendement humain* (livre II, chapitre 1, p. 165). Paris, Vrin, 2001. (Traduction de J.-M. Vienne.)

Parmi ses écrits, soulignons : *Essai sur l'entendement humain* (1689) ; *Lettre sur la tolérance* (1689) ; *Deux traités du gouvernement civil* (1690) ; *Quelques pensées sur l'éducation* (1693).

L'empirisme comme théorie de la connaissance

Le principe fondamental de l'empirisme repose sur l'affirmation que le contenu de notre conscience (idées, pensées, images, sentiments, souvenirs, etc.) prend sa source dans l'expérience de la réalité que nous transmettent nos sens. C'est en s'appuyant sur ce principe que Locke pourra dire que notre esprit, à la naissance, se compare à une *tabula rasa*, une page blanche sur laquelle l'expérience grave au fur et à mesure des informations de toutes sortes. Ainsi, toute connaissance, toute compréhension de la réalité extérieure a pour origine ce que nos perceptions sensorielles nous en révèlent. Nos sens représentent le seul lien direct entre le monde extérieur et nous ; ils sont les données ou matériaux bruts dont a besoin notre esprit pour fonctionner (penser, réfléchir, croire, douter, etc.) et pour produire une connaissance quelconque de la réalité.

Ainsi conçue, la connaissance humaine se trouve limitée par les capacités de notre appareil perceptif, c'est-à-dire par ce que notre cerveau et notre système nerveux peuvent percevoir de la réalité. Autrement dit, ce qui est au-dessus ou au-delà de nos limites nous est inaccessible. Toute tentative visant à saisir la réalité en elle-même est donc sans espoir, tout effort visant à connaître quelque chose indépendamment de l'expérience relève de la fiction.

L'empirisme dénonce le caractère fantaisiste des constructions rationalistes de la réalité. Ce que nous concevons par notre seul esprit, aussi logique que ce soit (par exemple, l'idée de Dieu, la notion de l'âme ou encore celle de l'univers considéré dans sa totalité), ne peut avoir valeur de connaissance, puisqu'aucune de ces idées ne repose sur l'expérience.

Il est difficile aujourd'hui de bien mesurer la portée de l'empirisme tellement cette façon de penser et les nombreuses transformations qu'elle a amenées au cœur même de la science, en ouvrant la voie à la méthode expérimentale, se sont répandues en Occident depuis la fin du XVIIᵉ siècle. Mais aussi familier et sensé que puisse paraître ce modèle de la connaissance, il vaut la peine de rappeler que les questions soulevées par l'empirisme ont alimenté une bonne partie de la réflexion philosophique moderne. En partant du principe que le réel est d'abord sensible avant d'être rationnel, l'empirisme a obligé la philosophie à se demander quelle était la valeur de la connaissance maintenant que la raison devait se soumettre à la règle de l'expérience. Comme l'a montré David Hume, un des plus célèbres philosophes anglais du XVIIIᵉ siècle, dont l'influence se fit sentir jusque chez Kant, l'empirisme ébranle profondément les capacités de la science à poser des principes universels. Par exemple, l'expérience nous enseigne que chaque fois qu'on a fait chauffer de l'eau, elle s'est mise à bouillir lorsqu'elle atteignait 100 ºC. Pourtant, ni l'observation ni l'expérience ne suffisent à valider l'affirmation que la chaleur soit la cause du bouillonnement. Qui sait si la prochaine fois les choses ne se passeront différemment ? Nous ne disposons d'aucune preuve indéniable pour affirmer que le point d'ébullition de l'eau est à 100 ºC. Qui peut dire avec certitude qu'il en sera de même la prochaine fois ? Nous nous attendons, par habitude, que la même chose se produira dans l'avenir, mais c'est là un effet psychologique de l'expériencc passée sur notre esprit, non une preuve véritable. À suivre Hume jusqu'au bout, il faudrait conclure que nous ne savons rien avec certitude. Notre connaissance de la nature ne serait que le produit de la constance de nos observations et de la répétition de nos expériences, et donc le résultat de l'habitude. Bref, avec l'empirisme, on en vient à se demander si la science n'est pas une affaire de croyance, et on va même jusqu'à douter d'une connaissance de la réalité en elle-même. C'est pourquoi la pensée anglaise moderne a toujours affiché une certaine méfiance à l'endroit des absolus. Car, en affirmant la primauté de la sensibilité sur la raison, de la sensation sur le concept et donc du sens commun sur la rationalité, les penseurs empiristes ne peuvent que s'en remettre à une raison modérée, prudente, et par conséquent tolérante. C'est là une idée partagée par la plupart des philosophes anglais depuis Locke.

David Hume
(1711-1776)

David Hume par
Allan Ramsay (1766)

Hume est l'un des penseurs les plus importants de l'histoire de la philosophie, et sans doute le philosophe anglais du XVIIIe siècle le plus connu en Europe. Kant dira qu'il avait été « éveillé de son sommeil dogmatique » par la lecture de Hume. Un de ses textes les plus célèbres, son *Traité de la nature humaine* publié anonymement en 1739-1740, représente l'un des textes majeurs de l'empirisme anglais. Le sous-titre en est : « Essai pour introduire la méthode expérimentale dans les sujets moraux ».

Parmi ses écrits, soulignons : *Enquête sur l'entendement humain* (1748) ; *Enquête sur les principes de la morale* (1751) ; *Dialogues sur la religion naturelle* (œuvre posthume 1779).

Les enjeux philosophiques soulevés par l'empirisme sont loin d'être aussi simples que dans la présentation sommaire donnée plus haut. Notre intention était seulement d'indiquer combien l'utilitarisme, tout comme d'ailleurs l'éthique kantienne, présuppose une théorie de la connaissance et, plus généralement, une conception de l'homme qui orientent inévitablement la manière d'envisager et de concevoir la question du bien et du mal. Sur plus d'un point, l'utilitarisme constitue

Réponse de Kant à l'empirisme de Hume

Sur plus d'un point, Kant accepte la leçon de l'empirisme. Lui aussi pense que notre appréhension des objets extérieurs est limitée par les possibilités de nos sens. L'œil humain voit uniquement ce qui est visible pour lui, comme les autres sens. Autrement dit, ce n'est jamais la réalité en elle-même que nous percevons, mais la représentation que nous en avons. Tout comme la photographie d'un arbre n'est pas cet arbre, mais une image, une représentation produite par un appareil photographique, les perceptions que nous avons du monde extérieur sont des représentations de celui-ci engendrées par notre esprit, par notre subjectivité. En revanche, Kant refuse les conclusions logiques auxquelles conduit l'empirisme de ce dernier sur le statut de la connaissance. Il considère le scepticisme de Hume vis-à-vis de la science comme intenable. Aux yeux de Kant, la science existe bel et bien ; il considère la physique de Newton comme un point de départ indiscutable. La question n'est donc pas de savoir si la science existe, mais bien comment elle existe pour l'homme, c'est-à-dire pour des êtres limités, imparfaits et constamment sujets à l'erreur (signes de la finitude humaine).

À cette question, il répond en indiquant que si, comme le dit l'empirisme, il ne peut y avoir de connaissance sans expérience, cela ne signifie pas pour autant que toute connaissance dérive de l'expérience. Sinon, comment se fait-il que les mathématiques et la logique soient parvenues à des connaissances universelles, et surtout, comment se fait-il que les lois découvertes par Newton permettent de prévoir le mouvement des objets matériels (les phénomènes) sans risque d'erreur ? D'où le besoin, selon Kant, de distinguer entre deux types de connaissances : les connaissances *a posteriori*, qui viennent de l'expérience, et les connaissances *a priori*, qui n'en dérivent pas mais la précèdent et en sont la condition. Par exemple, un objet que nous percevons ne peut exister que dans un espace et ne peut se déplacer que dans le temps. L'espace et le temps représentent des conditions *a priori* sans lesquelles nous serions dans l'impossibilité de penser quoi que ce soit de la réalité. Considérés comme tels, l'espace et le temps sont des cadres conceptuels indispensables pour toute expérience. Et, de son avis, la physique de Newton, qui donna pour la première fois à l'humanité un modèle précis du fonctionnement du système solaire, illustre à merveille l'idée d'une connaissance de la nature en termes de lois objectives valant pour des êtres soumis aux conditions de l'espace et du temps.

une réponse aux questions soulevées par l'empirisme : comment penser la morale lorsque la connaissance s'apparente à une fonction psychologique et physiologique du sujet ? Que devient la recherche du bien lorsque les valeurs morales reposent sur des sentiments, et non sur des principes absolus ? C'est pour y répondre que nous présenterons les principales articulations théoriques et lignes de force de cette doctrine éthique, indispensable pour qui veut comprendre la philosophie morale contemporaine.

LE BONHEUR COMME FONDEMENT DE LA MORALE

Commençons par une question : pourquoi faire du bonheur le bien suprême de la conduite morale ? Fidèle à l'esprit de l'empirisme de Hume, l'utilitarisme refuse de faire de la notion de bien moral une idée purement rationnelle. Bentham et Mill dénoncent le recours à des critères *a priori* de type kantien pour juger de la moralité d'une action. Pour eux, toute tentative visant à définir métaphysiquement un bien en soi est fictive et dangereuse. L'idéalisme est à éviter en matière de moralité. À faire du bien une valeur absolue qui force le respect, on prend le risque de ne pas avoir la souplesse nécessaire pour bien évaluer les conditions particulières d'un problème moral. Comme le disait Blaise Pascal dans un contexte différent, « [...] qui veut faire l'ange fait la bête[32] ». L'esprit de cette sentence correspond on ne peut mieux à la prudence de l'utilitarisme en matière de moralité. Le bien moral ne se situe pas au-delà de l'expérience des hommes, on peut l'atteindre. Mais comment savoir ce qui est réalisable pour nous, ce qui est à la mesure de la nature de l'homme ?

---

[32] BLAISE PASCAL. *Pensées*. Dans *Œuvres complètes* (collection « La Pléiade », tome II, fragment 572, p. 781). Paris, Gallimard, 2000.

Blaise Pascal
(1623-1662)

Pascal est un des plus illustres savants, penseurs et écrivains français du XVIIᵉ siècle. Son père, Étienne Pascal, qui fut d'ailleurs son unique maître, remarque très tôt l'intérêt et l'aptitude exceptionnelle de son fils pour les sciences.

En 1639, Pascal publie un essai de géométrie sur les coniques et, trois ans plus tard, il conçoit l'une des premières machines à calculer : la machine arithmétique. Ses travaux le conduisent aux questions qui sont à l'origine du calcul des probabilités.

À partir de 1657, Pascal consacre la majeure partie de son temps à écrire une *Apologie de la religion chrétienne* afin de convertir les athées. Cet ouvrage composé de fragments regroupés dans les *Pensées* offre une description fascinante et singulière de la condition humaine. « Ni ange, ni bête », l'homme reste pour Pascal un monstre d'incompréhension tant il est soumis à des forces qui le condamnent à une insatisfaction perpétuelle.

Parmi ses écrits, soulignons : *Essai sur les coniques* (1639) ; *Expériences nouvelles touchant le vide* (1647) ; *Les Provinciales* (1656-1657) ; *Pensées* (1657-1662).

Pour définir un critère du bien et du mal qui soit à la portée des conduites humaines, l'utilitarisme favorise une approche scientifique, fondée sur l'observation de la nature humaine. Cette approche, que Bentham conçoit suivant le modèle de la physique newtonienne, Mill la délaissera au profit d'une méthode qui s'apparente davantage à celle des sciences humaines (soit l'étude des pratiques humaines vues à travers la psychologie, la sociologie, l'anthropologie, l'histoire et l'économie politique). Tous deux arrivent à la conclusion que la

Une éthique téléologique

Le terme « téléologie », dans son usage moderne, renvoie aux théories éthiques qui mesurent la valeur d'une action en regard de fins ultimes ou supérieures. C'est en faisant du bonheur le bien moral suprême que l'utilitarisme se définit comme une éthique téléologique.

grande majorité des comportements humains, sinon tous, s'expliquent par une recherche constante du bonheur. Ainsi, pour l'utilitarisme, la poursuite du bonheur est le but universel de l'action humaine.

Voici un passage de *L'Utilitarisme* de Mill, qui a pour thème le bonheur :

« Les problèmes relatifs aux fins peuvent encore être énoncés ainsi : Quelles sont les choses désirables ? La doctrine utilitariste soutient que le bonheur est désirable et que c'est la seule chose désirable comme fin, toutes les autres choses n'étant désirables que comme moyens pour atteindre cette fin. Que doit-on exiger de cette doctrine – quelles conditions faut-il que la doctrine remplisse – pour justifier l'assentiment qu'elle réclame ?

Tout ce qu'on peut dire pour prouver qu'un objet est visible, c'est qu'en fait on le voit. La seule preuve qu'un son est audible, c'est qu'on l'entend : et ainsi des autres sources de notre expérience. De même, selon moi, la seule preuve qu'on puisse donner pour établir qu'une chose est désirable, c'est qu'*en fait* on la désire. Si la fin que la doctrine utilitariste admet pour son compte n'était pas, en théorie et en pratique, reconnue comme étant une fin, rien ne pourrait jamais convaincre qui que ce soit qu'elle en est une.

Pourquoi le bonheur général est-il désirable ? On n'en peut donner aucune raison, sinon celle-ci : chaque personne désire son propre bonheur, dans toute la mesure où elle croit pouvoir l'atteindre. Mais, étant en présence d'un fait, nous avons là, non seulement tout ce qui, dans l'espèce, peut être apporté en matière de preuve, mais tout ce qu'il est possible d'exiger à l'appui de l'affirmation que le bonheur est un bien : le bonheur de chaque personne est un bien pour cette personne, et le bonheur général est donc un bien pour toutes les personnes prises dans leur ensemble. C'est ainsi que le bonheur fait valoir son droit à être considéré comme *l'une* des fins de la conduite, et en conséquence comme l'un des critériums de la moralité.

Mais cela ne suffit pas à prouver qu'il soit le seul critérium. Pour le faire, il semble, par application de la même règle, qu'on soit tenu de montrer non seulement que les hommes désirent le bonheur, mais qu'ils ne désirent jamais autre chose. Or, on constate qu'ils désirent certainement des choses que le langage courant distingue sans hésiter du bonheur.

Par exemple, ils désirent la vertu et l'absence de vice aussi réellement que le plaisir et l'absence de peine. Le désir de la vertu n'est pas aussi universel, mais c'est un fait aussi authentique que le désir du bonheur. Et les adversaires du principe utilitariste se croient en droit d'en conclure qu'il y a d'autres fins de l'action humaine que le bonheur et que le bonheur n'est pas ce qui doit régler notre approbation et notre blâme.

Mais la doctrine utilitariste nie-t-elle que les hommes désirent la vertu ? Soutient-elle que la vertu n'est pas une chose à désirer ? Tout au contraire. Elle soutient non seulement que la vertu est une chose à désirer, mais qu'elle est désirable pour elle-même, de façon désintéressée. Que les moralistes utilitaristes aient telle ou telle opinion sur les conditions primitives qui ont fait que la vertu est vertu, qu'ils croient ou non (et, en fait, ils le croient) que les actions et dispositions vertueuses ne sont telles que parce qu'elles favorisent la réalisation d'une autre fin que la vertu, n'importe. Cette concession leur étant faite, quand on aura déterminé, en s'inspirant des considérations qui précèdent, ce que c'est qu'être vertueux, les utilitaristes, non contents de placer la vertu en tête des choses qui sont bonnes comme moyens pour atteindre la fin suprême, reconnaissent comme un fait psychologique qu'elle peut être, pour l'individu, un bien en soi, sans subordination à aucune autre fin. Et ils soutiennent même qu'on n'est pas dans l'état d'esprit qu'il faut, dans l'état d'esprit utilitariste, dans l'état d'esprit le plus favorable au bonheur général, si l'on n'aime pas la vertu de cette manière, comme une chose désirable en soi, alors même que, dans le cas particulier, elle ne produirait pas les autres conséquences désirables qu'elle tend à produire, et qui font qu'on la considère comme la vertu.

En soutenant cette opinion, on ne s'écarte pas le moins du monde du principe du bonheur. Les éléments du bonheur sont très divers et chacun d'eux est désirable en lui-même, et non pas seulement comme concourant à la formation d'un agrégat. Le principe de l'utilité ne signifie pas qu'un plaisir donné, tel que la musique, qu'une absence de douleur, telle que la santé, doit être considéré comme un moyen d'atteindre une chose formant bloc et dénommée bonheur, et être désiré à ce titre. Ils sont désirés et désirables en eux-mêmes et pour eux-mêmes ; ils ne sont pas seulement des moyens, ils sont une partie de la fin. La vertu, selon la doctrine utilitariste, n'est pas naturellement et primitivement une partie de la fin, mais est capable de le devenir ; chez ceux qui l'aiment de façon désintéressée, elle l'est devenue ; et elle est désirée et cultivée par eux, non pas comme un moyen d'atteindre le bonheur, mais comme une partie de leur bonheur[33]. »

---

[33] JOHN STUART MILL. *L'Utilitarisme* (1861) (collection «Champs», chapitre IV, p. 103-106). Paris, 1988 © Flammarion.

Questions sur le texte

1. Donnez la principale raison évoquée par Mill pour justifier l'idée que « la seule chose désirable comme fin est le bonheur ».

2. Expliquez pourquoi, selon Mill, l'opposition entre la vertu et le bonheur repose sur un malentendu.

3. Selon votre compréhension du précédent extrait, pensez-vous que Mill serait d'accord pour dire que la vertu équivaut à renoncer à certaines formes de plaisir au nom d'un plus grand plaisir ?

4. Dans le dernier paragraphe, Mill écrit : « Les éléments du bonheur sont très divers et chacun d'eux est désirable en lui-même, et non pas seulement comme concourant à la formation d'un agrégat. » Expliquez cette affirmation en insistant sur la différence posée par Mill entre le plaisir à titre de moyen du bonheur et le plaisir à titre de partie du bonheur.

En faisant du bonheur le fondement de la morale, l'utilitarisme classique s'éloigne passablement du principe kantien de la bonne volonté. Selon Mill, c'est toujours la recherche du bonheur qui pousse Kant à poser la bonne volonté comme un bien moral absolu. Si les utilitaristes ne rejettent pas la force de la volonté d'un individu à orienter le choix de ses actions, ils refusent cependant d'admettre que l'homme ait la capacité de choisir uniquement en fonction de sa raison, et donc indépendamment des sollicitations auxquelles est exposée sa nature sensible. À traiter la volonté comme une donnée primitive, on fait en réalité fi de la force qui, au départ, pousse les individus à agir, à savoir l'intérêt que nous avons à adopter ou à rejeter telle conduite en fonction du bonheur qu'elle nous apporte. Puisqu'elle est donc inséparable des mobiles et des motifs qui font agir l'homme, il est illusoire de vouloir séparer la moralité de la recherche du bonheur[34].

LE PLAISIR DANS SON RAPPORT AU BONHEUR

La recherche du plaisir n'est pas qu'égoïsme

Il nous faut maintenant nous demander comment l'utilitarisme classique conçoit le bonheur. Dans un passage tiré des *Traités de législation civile et pénale*, Bentham écrit :

« La nature a placé l'homme sous l'empire du *plaisir et de la douleur*. Nous leur devons toutes nos idées ; nous leur rapportons tous nos jugements, toutes les déterminations de notre vie. Celui qui prétend se soustraire à cet assujettissement ne sait ce qu'il dit ; il a pour unique objet de chercher le plaisir, d'éviter la douleur, dans le moment même où il se refuse aux plus grands plaisirs, et où il embrasse les plus vives douleurs. [...] *Le principe d'utilité* subordonne tout à ces deux mobiles[35]. »

Plus loin, il ajoute :

« Le bien moral n'est bien que par sa tendance à produire des biens physiques : le mal moral n'est mal que par sa tendance à produire des maux physiques ; mais quand je dis physiques, j'entends les peines et les plaisirs de l'âme aussi bien que les peines et les plaisirs des sens. J'ai en vue l'homme tel qu'il est dans sa condition actuelle[36]. »

---

34   JEREMY BENTHAM. *Déontologie ou science de la morale.* Dans *Œuvres* (tome 4, p. 27-28, 42-44). Darmstadt, Scientia Verlag Aalen, 1969.

35   JEREMY BENTHAM. *Traités de législation civile et pénale.* Dans *Œuvres* (tome 1, p. 9). Darmstadt, Scientia Verlag Aalen, 1969.

36   JEREMY BENTHAM. *Traités de législation civile et pénale.* Dans *Œuvres* (tome 1, p. 10). Darmstadt, Scientia Verlag Aalen, 1969.

Dans un autre de ses ouvrages, *Déontologie ou science de la morale*, il mentionne :

>« Tout plaisir est […] un bien, et doit être recherché ; de même toute peine est un mal, et doit être évitée. Quand, après avoir goûté un plaisir, on le recherche, cela seul est une preuve de sa bonté. Tout acte qui procure du plaisir est bon, toutes conséquences à part. Tout acte qui procure du plaisir sans aucun résultat pénible est un bénéfice net pour le bonheur ; tout acte dont les résultats de peine sont moindres que ses résultats de plaisir, est bon jusqu'à concurrence de l'excédant en faveur du bonheur[37]. »

Mill, dans *L'Utilitarisme*, écrit :

>« Par « bonheur » on entend le plaisir et l'absence de douleur ; par « malheur », la douleur et la privation de plaisir. Pour donner une vue claire de la règle morale posée par la doctrine, de plus amples développements sont nécessaires ; il s'agit de savoir, en particulier, quel est, pour l'utilitarisme, le contenu des idées de douleur et de plaisir, et dans quelle mesure le débat sur cette question reste ouvert. Mais ces explications supplémentaires n'affectent en aucune façon la conception de la vie sur laquelle est fondée cette théorie de la moralité, à savoir que le plaisir et l'absence de douleur sont les seules choses désirables comme fins, et que toutes les choses désirables (qui sont aussi nombreuses dans le système utilitariste que dans tout autre) sont désirables, soit pour le plaisir qu'elles donnent elles-mêmes, soit comme des moyens de procurer le plaisir et d'éviter la douleur[38]. »

---

[37] JEREMY BENTHAM. *Déontologie ou science de la morale*. Dans *Œuvres* (tome 4, p. 21). Darmstadt, Scientia Verlag Aalen, 1969.

[38] JOHN STUART MILL. *L'Utilitarisme* (1861) (collection «Champs», chapitre II, p. 49). Paris, 1988 © Flammarion.

Questions sur le texte

1. Dans la citation commençant par « *La nature a placé* [...] », Bentham se sert du terme « empire » pour désigner la peine et le plaisir. Expliquez pourquoi.

2. Dans la troisième citation, il écrit : « Tout acte qui procure du plaisir est bon, toutes conséquences à part. »

a) Commentez ce passage.

b) Cela vous semble-t-il en accord avec l'éthique du devoir de Kant ?

3. Dans la dernière citation, Mill écrit : « [...] que toutes les choses désirables [...] sont désirables, soit pour le plaisir qu'elles donnent elles-mêmes, soit comme des moyens de procurer le plaisir et d'éviter la douleur ». Expliquez cette affirmation.

Ces extraits ne laissent subsister aucun doute : la recherche du plaisir et l'évitement de la souffrance sont à la base de tous nos choix, de toutes nos décisions, ils sont les guides ultimes de l'action humaine. Puisque tout nous ramène à la sphère des sentiments et des désirs, le bonheur a forcément rapport avec la tendance au plaisir. En cela, l'utilitarisme est au départ un hédonisme (du grec *hedonê* : plaisir), c'est-à-dire une théorie qui, à l'exemple de celle d'Épicure, définit le bonheur par la recherche du plaisir.

Mais qu'est-ce que le plaisir pour les utilitaristes ? Cette question est d'autant plus importante qu'on leur a souvent reproché de ramener la morale à une recherche de plaisirs élémentaires de toutes sortes, réduisant ainsi la valeur du bonheur à une simple question de satisfaction (hédonisme individuel et égoïste). Il est vrai que Bentham et Mill admettent que, de tous les sentiments humains, l'égoïsme est ce qui s'accorde le mieux avec la logique du plaisir. Tout comme Kant, ils esti-

Épicure
(341-270 av. J.-C.)

Sculpture d'Épicure en marbre, copie romaine d'un original grec en bronze (fin 3ᵉ – début 2ᵉ siècle av. J.-C.), British Museum, Londres.

La philosophie d'Épicure, connue sous le nom d'épicurisme, défend en morale un eudémonisme hédoniste, c'est-à-dire une conception qui identifie le bonheur à l'idée du plaisir assouvi. La satisfaction des plaisirs préconisée par Épicure n'a cependant rien à voir avec une émotion passagère ou la jouissance physique. L'idéal de l'épicurisme se trouve dans la recherche d'une existence la plus simple possible, qui permet aux hommes de vivre des plaisirs durables, et non des plaisirs momentanés qui conduisent au malheur et à la douleur.

Dans son ouvrage *Lettre à Ménécée*, Épicure écrit : « Parmi les désirs nécessaires, les uns le sont pour le bonheur, les autres pour l'absence de souffrance du corps, les autres pour la vie même. En effet, une étude de ces désirs qui ne fasse pas fausse route sait rapporter tout choix et tout refus à la santé du corps et à l'absence de troubles de l'âme, puisque c'est là la fin de la vie bienheureuse. Et c'est pourquoi nous disons que le plaisir est le principe et la fin de la vie bienheureuse. »

ÉPICURE. *Lettre à Ménécée*. Dans *Lettres et Maximes* (p. 221). Paris, 2009 © PUF.

De ses écrits, il ne reste que trois lettres : *Lettre à Pythoclès* (sur les météores) ; *Lettre à Hérodote* (sur la physique) ; *Lettre à Ménécée* (sur la morale).

ment que l'homme est, par nature, un être intéressé et calculateur. C'est une idée d'ailleurs très répandue parmi les philosophes du XVIIIᵉ siècle. On avait souvent recours à la notion d'égoïsme pour comprendre ce qui détermine les hommes à agir ; on y voyait une donnée anthropologique universelle en vertu de quoi les hommes placent la recherche de leur bonheur personnel au-dessus de tout.

Si le but de l'existence est vraiment d'avoir la vie la plus heureuse possible, la valeur d'une activité dépendra invariablement de la quantité de plaisir qu'elle rapporte. C'est ainsi que, d'activités comme le hockey, la course automobile, les études, on dira, si elles procurent un grand plaisir, qu'elles ont beaucoup de valeur, si elles en procurent peu, qu'elles en ont peu. À ce titre, pour reprendre la fameuse expression de Bentham, «le jeu d'épingles, à plaisir égal, vaut la poésie[39].»

Cependant, dans les faits, une activité qui s'accompagne d'un sentiment d'insatisfaction ou d'une souffrance peut avoir autant de valeur, sinon plus, que celle qui apporte de l'agrément: l'extraction d'une dent peut contribuer davantage au bien-être que le visionnement d'un film, de loin plus enivrant qu'une visite chez le dentiste. «Une peine, écrit Bentham, peut être productive de plaisir[40].» Ce qui revient à dire que le bonheur ne se mesure pas uniquement à l'assouvissement immédiat du désir; tout dépend du bonheur recherché. Or, celui des utilitaristes n'est pas de ceux qui s'obtiennent par une simple satisfaction, immédiate et égoïste. La conception qu'ils en ont a finalement peu à voir avec un hédonisme individuel et égoïste.

Comme le remarque Mill, si le bonheur se limitait au seul plaisir de la satisfaction, nous accepterions tous d'être métamorphosés en animal, c'est-à-dire en un être dont les désirs, simples, peuvent être facilement comblés. Mais voilà, il est à peu près impensable de trouver un être humain qui accepterait d'être ainsi transformé sur la promesse d'une satisfaction complète de ses plaisirs. Pas plus que, dans les mêmes conditions,

---

[39] Jeremy Bentham. *Théorie des peines et des récompenses*. Dans *Œuvres* (tome 2, p. 191). Darmstadt, Scientia Verlag Aalen, 1969.

[40] Jeremy Bentham. *Déontologie ou science de la morale*. Dans *Œuvres* (tome 4, p. 22). Darmstadt, Scientia Verlag Aalen, 1969.

l'homme le moindrement instruit souhaiterait être changé en ignorant. Cela dit, les utilitaristes pensent que certains plaisirs ont plus de valeur que d'autres. Tels sont ceux qui, engendrés par les habitudes de la vie sociale, permettent aux hommes de connaître le monde qui les entoure par le biais des sciences et de la philosophie, de développer leur imaginaire et leur sensibilité grâce à l'apprentissage de la musique, de la poésie, de la peinture, de la littérature, etc. Sans oublier les joies que procurent l'amitié, la discussion, la recherche de la perfection dans le sport. Celui qui connaît ces plaisirs ne voudrait pour rien au monde qu'on les lui retire, en dépit des souffrances, des peines et des difficultés qu'il en coûte pour en jouir. De sorte qu'après les avoir connus, nous les préférons aux plaisirs qui s'apparentent à la simple satisfaction.

Les plaisirs de qualité

Pour marquer toute la différence entre les plaisirs de la simple satisfaction et ceux qui relèvent de la vie en société (les plaisirs de l'esprit), Mill apporte une importante précision. Lorsqu'on parle de la valeur d'une activité agréable, il faut distinguer sa valeur en termes de quantité et sa valeur en termes de qualité. Plusieurs commentateurs soutiennent que Bentham n'aurait pas approuvé cette particularisation et n'aurait tenu compte que de la dimension quantitative du plaisir. On voit mal, pourtant, un être humain ne faire aucune distinction qualitative dans l'évaluation de ses plaisirs. Cela dit, Mill introduit cette différence moins, pensons-nous, pour prendre une certaine distance d'avec Bentham que pour répondre à ceux qui, à l'exemple de Friedrich Nietzsche, associent l'utilitarisme à une doctrine morale « basse » et « vile ». Par cette distinction, Mill indique clairement que le bonheur visé par les utilitaristes ne revient pas à se gaver comme un porc de tous les plaisirs faciles, mais d'aspirer à des plaisirs de qualité, appelés aussi « plaisirs supérieurs », certains plus difficiles que d'autres à atteindre en raison de l'effort qu'ils demandent pour être appréciés. Ce sont eux qui concourent réellement à diminuer les causes du malheur des hommes comme l'ignorance, la pauvreté, la cruauté et l'égoïsme.

L'impitoyable critique de Nietzsche

Hédonisme, pessimisme, utilitarisme, eudémonisme, toutes ces philosophies qui mesurent la valeur des choses d'après le plaisir et la douleur, c'est-à-dire d'après des phénomènes accessoires, sont des philosophies superficielles et des naïvetés, que tout homme doué de force créatrice et d'une conscience d'artiste ne peut considérer qu'avec ironie et pitié. Pitié pour vous ! Une pitié, à vrai dire, bien différente de celle dont vous parlez, et qui ne s'adresse pas à la « misère » sociale, à la « société », à ses malades et à ses éclopés, aux individus tarés et aux infirmes de naissance qui gisent sur le sol tout autour de nous. Il s'agit moins encore de pitié à l'égard de ses couches opprimées qui murmurent séditieusement contre leur esclavage et aspirent à la domination – ce qu'elles appellent « liberté ». Notre pitié est plus haute et regarde plus loin : elle voit comment l'homme se rapetisse, comment vous le rapetissez [...]. Vous voulez abolir la souffrance dans la mesure du possible, et il n'y a pas de plus folle ambition. Et nous ? Il semble que nous la voudrions encore plus profonde et plus grave qu'elle le fut jamais. Le bien-être tel que vous le concevez n'est pas un but, c'est à nos yeux un terme. Un état qui rend l'homme aussitôt ridicule et méprisable, qui fait souhaiter sa ruine. La culture de la souffrance, de la grande souffrance, ne savez-vous pas que c'est là l'unique cause des dépassements de l'homme [...] ?

FRIEDRICH NIETZSCHE. *Par-delà bien et mal* (p. 163-164). Paris, 1975 © Éditions Gallimard. (Traduit par Cornélius Heim.)

Friedrich Nietzsche
(1844-1900)

Nietzsche est né le 15 octobre 1844 à Röcken, en Saxe, et mort le 25 août 1900 à Weimar, en Allemagne. Ce philosophe s'est illustré par son impitoyable procès de la culture occidentale et de ses valeurs. C'est aussi l'un des plus virulents critiques et adversaires de la philosophie des Lumières. Selon lui, l'ambition des Lumières de découvrir un fondement rationnel et objectif à l'éthique prend sa source dans le ressentiment et dans un manque de courage pour relever librement les défis de l'existence.

Friedrich Nietzsche vers 1875, photographié par F. Hartmann à Bâle.

Parmi ses écrits, soulignons : *La Naissance de la tragédie* (1872) ; *Humain, trop humain* (1878) ; *Le Gai savoir* (1882) ; *Ainsi parlait Zarathoustra* (1883-1885) ; *Par-delà bien et mal* (1886) ; *La Généalogie de la morale* (1887).

Voyons ce que dit Mill :

« On pourrait me demander : « Qu'entendez-vous par une différence de qualité entre les plaisirs ? Qu'est-ce qui peut rendre un plaisir plus précieux qu'un autre — en tant que plaisir pur et simple — si ce n'est qu'il est plus grand quantitativement ? » Il n'y a qu'une réponse possible. De deux plaisirs, s'il en est un auquel tous ceux ou presque tous ceux qui ont l'expérience de l'un et de l'autre accordent une préférence bien arrêtée, sans y être poussés par un sentiment d'obligation morale, c'est ce plaisir-là qui est le plus désirable. Si ceux qui sont en état de juger avec compétence de ces deux plaisirs placent l'un d'eux tellement au-dessus de l'autre qu'ils le préfèrent tout en le sachant accompagné d'une plus grande somme d'insatisfaction, s'ils sont décidés à n'y pas renoncer en échange d'une quantité de l'autre plaisir telle qu'il ne puisse pas, pour eux, y en avoir de plus grande, nous sommes fondés à accorder à la jouissance ainsi préférée une supériorité qualitative qui l'emporte tellement sur la quantité, que celle-ci, en comparaison, compte peu.

Or, c'est un fait indiscutable que ceux qui ont une égale connaissance des deux genres de vie, qui sont également capables de les apprécier et d'en jouir, donnent résolument une préférence très marquée à celui qui met en œuvre leurs facultés supérieures. Peu de créatures humaines accepteraient d'être changées en animaux inférieurs sur la promesse de la plus large ration de plaisirs de bêtes ; aucun être humain intelligent ne consentirait à être un imbécile, aucun homme instruit à être un ignorant, aucun homme ayant du cœur et une conscience à être égoïste et vil, même s'ils avaient la conviction que l'imbécile, l'ignorant ou le gredin sont, avec leurs lots respectifs, plus complètement satisfaits qu'eux-mêmes avec le leur. Ils ne voudraient pas échanger ce qu'ils possèdent de plus qu'eux contre la satisfaction la plus complète de tous les désirs qui leur sont communs. S'ils s'imaginent qu'ils le voudraient, c'est seulement dans des cas d'infortune si extrême que, pour y échapper, ils échangeraient leur sort pour presque n'importe quel autre, si indésirable qu'il fût à leurs propres yeux. Un être pourvu de facultés supérieures demande plus pour être heureux, est probablement exposé à souffrir de façon plus aiguë, et offre certainement à la souffrance plus de points vulnérables qu'un être de type inférieur ; mais, en dépit de ces risques, il ne peut jamais souhaiter réellement tomber à un niveau d'existence qu'il sent inférieur. Nous pouvons donner de cette répugnance l'explication qui nous plaira ; nous pouvons l'imputer à l'orgueil — nom que l'on donne indistinctement à quelques-uns des sentiments les meilleurs et aussi les pires dont l'humanité soit capable ; nous pouvons l'attribuer à l'amour de la liberté et de l'indépendance personnelle, sentiment auquel les stoïciens faisaient appel parce qu'ils y voyaient l'un des moyens les plus efficaces d'inculquer cette répugnance ; à l'amour de la puissance, ou à l'amour d'une vie exaltante, sentiments qui tous deux y entrent certainement comme éléments et contribuent à la faire naître ; mais, si on veut l'appeler de son vrai nom, c'est un sens de la dignité que tous les êtres humains possèdent, sous une forme ou sous une autre, et qui correspond – de façon nullement rigoureuse d'ailleurs – au développement de leurs facultés supérieures. Chez ceux qui le possèdent à un haut degré, il apporte au bonheur une contribution si essentielle que, pour eux, rien de ce qui le blesse ne pourrait être plus d'un moment objet de désir.

Croire qu'en manifestant une telle préférence on sacrifie quelque chose de son bonheur, croire que l'être supérieur – dans des circonstances qui seraient équivalentes à tous égards pour l'un et pour l'autre – n'est pas plus heureux que l'être inférieur, c'est confondre les deux idées très différentes de bonheur et de satisfaction. Incontestablement, l'être dont les facultés de jouissance sont d'ordre inférieur, a les plus grandes chances de les voir pleinement satisfaites ; tandis qu'un être d'aspirations élevées sentira toujours que le bonheur qu'il peut viser, quel qu'il soit – le monde étant fait comme il l'est –, est un bonheur imparfait. Mais il peut apprendre à supporter ce qu'il y a d'imperfections dans ce bonheur, pour peu que celles-ci soient supportables ; et elles ne le rendront pas jaloux d'un être qui, à la vérité, ignore ces imperfections, mais ne les ignore

que parce qu'il ne soupçonne aucunement le bien auquel ces imperfections sont attachées. Il vaut mieux être un homme insatisfait qu'un porc satisfait ; il vaut mieux être Socrate insatisfait qu'un imbécile satisfait. Et si l'imbécile ou

le porc sont d'un avis différent, c'est qu'ils ne connaissent qu'un côté de la question : le leur. L'autre partie, pour faire la comparaison, connaît les deux côtés.

On peut objecter que bien des gens qui sont capables de goûter les plaisirs supérieurs leur préfèrent à l'occasion, sous l'influence de la tentation, les plaisirs inférieurs. Mais ce choix n'est nullement incompatible avec l'affirmation catégorique de la supériorité intrinsèque des plaisirs supérieurs. Souvent les hommes, par faiblesse de caractère, font élection du bien le plus proche, quoiqu'ils sachent qu'il est le moins précieux; et cela, aussi bien lorsqu'il faut choisir entre deux plaisirs du corps qu'entre un plaisir du corps et un plaisir de l'esprit. Ils recherchent les plaisirs faciles des sens au détriment de leur santé, quoiqu'ils se rendent parfaitement compte que la santé est un bien plus grand. On peut dire encore qu'il ne manque pas de gens qui sont, en débutant dans la vie, animés d'un enthousiasme juvénile pour tout ce qui est noble, et qui tombent, lorsqu'ils prennent de l'âge, dans l'indifférence et l'égoïsme. Mais je ne crois pas que ceux qui subissent cette transformation très commune choisissent volontairement les plaisirs d'espèce inférieure plutôt que les plaisirs supérieurs. Je crois qu'avant de s'adonner exclusivement aux uns, ils étaient déjà devenus incapables de goûter les autres. L'aptitude à éprouver les sentiments nobles est, chez la plupart des hommes, une plante très fragile qui meurt facilement, non seulement sous l'action de forces ennemies, mais aussi par simple manque d'aliments; et, chez la plupart des jeunes gens, elle périt rapidement si les occupations que leur situation leur a imposées et la société dans laquelle elle les a jetés, ne favorisent pas le maintien en activité de cette faculté supérieure. Les hommes perdent leurs aspirations supérieures comme ils perdent leurs goûts intellectuels, parce qu'ils n'ont pas le temps ou l'occasion de les satisfaire; et ils s'adonnent aux plaisirs inférieurs, non parce qu'ils les préfèrent délibérément, mais parce que ces plaisirs sont les seuls qui leur soient accessibles, ou les seuls dont ils soient capables de jouir un peu plus longtemps. On peut se demander si un homme encore capable de goûter également les deux espèces de plaisirs a jamais préféré sciemment et de sang-froid les plaisirs inférieurs; encore que bien des gens, à tout âge, se soient épuisés dans un vain effort pour combiner les uns et les autres[41].   **»**

---

[41]   JOHN STUART MILL. *L'Utilitarisme* (1861) (collection «Champs», chapitre II, p. 51-55). Paris, 1988 © Flammarion.

Questions sur le texte

1. Quelle distinction faut-il établir entre le bonheur défendu par Mill et la satisfaction ?

2. Quelles sont les principales causes qui empêchent les individus de goûter aux plaisirs de qualité ?

3. Mill compare les plaisirs de qualité à « une plante fragile qui meurt facilement ». Expliquez le sens de cette comparaison.

Question de compréhension

Quel reproche Nietzsche adresse-t-il à l'endroit de l'utilitarisme ? À la lumière de la distinction entre la quantité et la qualité des plaisirs, jugez-vous pertinente la critique de Nietzsche ?

En somme, les plaisirs de qualité sont des vertus sociales, car ils prédisposent l'homme à rechercher un bonheur qui concourt à celui des autres et qui, à long terme, prendra le dessus sur les plaisirs égoïstes. Ils favorisent le développement d'attitudes morales altruistes. Ces plaisirs de qualité sont d'autant plus nécessaires que l'homme, selon Mill, est pourvu, en plus de son égoïsme foncier, d'une tendance à la sympathie naturelle qui, une fois socialisée et prise en charge par les plaisirs de qualité, se confondra avec l'intérêt commun.

«   Des vertus sociales, il est presque superflu de parler, tant est unanime le verdict rendu par l'expérience que l'égoïsme est naturel. Je n'entends nullement nier par là que l'empathie ne soit tout aussi naturelle ; je crois au contraire que sur ce fait important repose la possibilité de tout développement de la bonté et de la noblesse de caractère, et l'espoir de les voir à terme prendre totalement le dessus. Mais ceux qui sont fortement enclins à partager les émotions et sentiments des autres sont aussi égoïstes que les autres (que ceux qui y sont peu enclins) s'ils sont abandonnés à leurs réactions empathiques spontanées, si leur caractère n'est pas éduqué. La différence réside dans le genre d'égoïsme ; le leur n'est pas solitaire, mais empathique : *c'est l'égoïsme à deux, à trois ou à quatre* […] ; ils peuvent se montrer très aimables et charmants envers ceux avec qui ils sympathisent, et grossièrement injustes et sans pitié envers le reste du monde. En effet, les personnes d'une extrême sensibilité, celles qui sont les plus capables de partager les émotions des autres et qui ont un besoin qu'on partage les leurs, connaissent, du fait même de cette sensibilité, des penchants et élans de toute sorte tellement exacerbés, qu'elles offrent souvent les exemples les plus frappants d'égoïsme, bien que celui-ci soit d'une espèce moins repoussante que l'égoïsme des personnes plus insensibles. A-t-il jamais existé quelqu'un – indépendamment de tout enseignement par des maîtres, des amis ou des livres, et de tout effort délibéré pour se conformer soi-même à un idéal – chez qui la bienveillance naturelle ait été un attribut plus puissant que l'égoïsme sous l'une quelconque de ses formes[42] ? 〉〉

Questions sur le texte

1. Expliquez la comparaison que fait Mill entre l'égoïsme solitaire et l'égoïsme empathique.

2. Dégagez la conclusion à laquelle arrive Mill dans ce passage.

---

[42] John Stuart Mill. *La nature* (1874) (p. 85). Paris, 2003 © Éditions La Découverte.

LE PRINCIPE D'UTILITÉ

Partant de l'hypothèse que les hommes agissent d'abord en fonction de leur propre intérêt, le principe d'utilité fournit à la tendance naturelle de l'homme au plaisir son principe moral : le bonheur visé doit, selon une formule que Bentham reprend à Francis Hutcheson, contribuer « au plus grand bonheur pour le plus grand nombre ». Il est clair que la recherche spontanée de plaisir ne renferme en elle-même aucune dimension morale. L'originalité de l'utilitarisme est de greffer à cette recherche spontanée de plaisir une valeur normative. Pour parler le langage de Kant, le principe d'utilité équivaut à un impératif moral puisqu'il indique comment la maxime individuelle du bonheur peut donner lieu à un bien moral. La question qui se pose est : à quelles conditions la recherche du

Francis Hutcheson
(1694-1747)

Ce philosophe irlando-écossais est principalement connu pour ses travaux en esthétique et en morale. Il exerça une influence considérable sur Hume et Kant. Il s'oppose aux conceptions rationalistes de la morale. Pour Hutcheson, la recherche du bien concerne autant, sinon plus, l'instinct, les sentiments que la raison. Les « plaisirs

Francis Hutcheson par Allan Ramsay (1740).

moraux, écrit-il, sont les ingrédients les plus délicieux des plaisirs ordinaires de la vie ».

Francis Hutcheson. *Recherches sur l'origine de nos idées de la beauté et de la vertu* (p. 221). Paris, Vrin, 1991.

Parmi ses écrits, soulignons un texte posthume : *Système de philosophie morale* (1755).

bonheur personnel peut-elle favoriser celui des autres? En d'autres termes, le principe d'utilité montre comment il est possible d'agir de manière altruiste, c'est-à-dire d'éprouver du plaisir non seulement au nom de notre jouissance personnelle, mais par le seul fait que l'on contribue au plaisir de tous.

Il ne faut pas confondre ce que l'on fait (comportement réel) et ce que l'on doit faire (comportement moral), même si ces deux types de comportement se résolvent en douleur et en plaisir. Autrement dit, il faut distinguer entre ce que poursuit chaque individu au nom de son bonheur personnel et ce que doit être le bonheur comme fin éthique, à savoir mettre l'accent sur le bonheur des autres. Cette distinction entre l'égoïsme psychologique et le principe d'utilité est capitale si l'on veut éviter toute image caricaturale de l'utilitarisme.

> Bentham! car pour chacun d'eux il ne s'agit que de lui-même. La seule force qui les mette en présence et en rapport est celle de leur égoïsme, de leur profit particulier, de leurs intérêts privés. Chacun ne pense qu'à lui, personne ne s'inquiète de l'autre, et c'est précisément pour cela qu'en vertu d'une harmonie préétablie des choses, ou sous les auspices d'une providence toute ingénieuse, travaillant chacun pour soi, chacun chez soi, ils travaillent du même coup à l'utilité générale, à l'intérêt commun.
>
> KARL MARX. *Le Capital. Critique de l'économie politique* (tome I, chapitre VI, p. 135). Paris, Éditions sociales, 1977.

Tout comme l'éthique kantienne, l'éthique utilitariste est une éthique normative, en ce sens qu'elle cherche à fonder l'expérience morale sur une analyse systématique du concept de bien moral.

Prendre le principe d'utilité comme fondement de la pensée morale ne signifie donc nullement qu'on ait affaire à une morale utilitaire, terme péjoratif qui désigne une attitude calculatrice et intéressée.

Voyons ce que Mill écrit à ce sujet :

« J'ai insisté sur ce point ; parce que, sans cela, on ne pourrait se faire une idée parfaitement juste de l'utilité ou du bonheur, considéré comme la règle directrice de la conduite humaine. Mais ce n'est aucunement une condition indispensable dont devrait dépendre l'adhésion à l'idéal utilitariste, car cet idéal n'est pas le plus grand bonheur de l'agent lui-même, mais la plus grande somme de bonheur totalisé ; si l'on peut mettre en doute qu'un noble caractère soit toujours plus heureux que les autres en raison de sa noblesse, on ne peut douter qu'il rende les autres plus heureux, et que la société en général en retire un immense bénéfice. L'utilitarisme ne pourrait donc atteindre son but qu'en cultivant universellement la noblesse de caractère, alors même que chaque individu recueillerait seulement le bénéfice de la noblesse des autres, et que sa noblesse personnelle – à ne considérer que son propre bonheur – ne devrait lui procurer aucun bénéfice. Mais la seule énonciation d'une telle absurdité rend superflue toute réfutation.

Selon le principe du plus grand bonheur, tel qu'il vient d'être exposé, la fin dernière par rapport à laquelle et pour laquelle toutes les autres choses sont désirables (que nous considérions notre propre bien ou celui des autres) est une existence aussi exempte que possible de douleurs, aussi riche que possible en jouissances, envisagées du double point de vue de la quantité et de la qualité ; et la pierre de touche de la qualité, la règle qui permet de l'apprécier en l'opposant à la quantité, c'est la préférence affirmée par les hommes qui, en raison des occasions fournies par leur expérience, en raison aussi de l'habitude qu'ils ont de la prise de conscience et de l'introspection sont le mieux pourvus de moyens de comparaison. Telle est, selon l'opinion utilitariste, la fin de l'activité humaine, et par conséquent aussi, le critérium de la moralité[43]. »

---

43 JOHN STUART MILL. *L'Utilitarisme* (1861) (collection «Champs», chapitre II, p. 56-57). Paris, 1988 © Flammarion.

Questions de compréhension

1. Quelle différence pourriez-vous faire entre le principe de l'utilité et le terme « utilitaire » ?

2. Quelle relation établiriez-vous entre l'égoïsme et la poursuite du plus grand bonheur pour le plus grand nombre ?

3. D'après ce passage, estimez-vous que le comportement moral du point de vue utilitariste se compare à celui du consommateur qui se contente de maximiser son plaisir individuel et ses avantages personnels en négligeant la dimension collective et sociale de son action ?

Ainsi, malgré le regard pessimiste qu'ils portent sur la nature de l'homme – un être égoïste –, les utilitaristes demeurent confiants que la société des hommes saura faire naître des attitudes morales altruistes, que certains traits de notre nature pourront s'accorder avec l'intérêt de tous[44]. Mais ce qu'on en attend se veut sans illusion ni artifice. La dimension altruiste du bonheur commun que préconisent Bentham et Mill n'a rien d'absolu. Comme nous le verrons, le bien moral correspond à ce qui, dans un groupe d'individus psychologiquement différents, soumis à un environnement social variable selon l'époque et à des événements souvent imprévisibles, peut valoir comme bonheur de qualité pour le plus grand nombre. Par exemple, le bonheur qui peut être atteint par un pays en guerre ne sera pas celui d'une société où règnent la paix et la sécurité. Bref, le bonheur des utilitaristes n'est pas un bonheur transcendant, il se définit toujours en fonction des choses et des êtres.

---

[44] JEREMY BENTHAM. *Traités de législation civile et pénale.* Dans *Œuvres* (tome 1, p. 34). Darmstadt, Scientia Verlag Aalen, 1969.

À la différence de l'éthique kantienne, l'éthique utilitariste se préoccupe davantage de la portée collective et sociale de l'action que de la signification qu'elle revêt pour l'individu.

L'ÉVALUATION DU BONHEUR PAR LES CONSÉQUENCES

Ce sont les résultats qui comptent

Voilà pourquoi l'utilitarisme se définit comme une éthique conséquentialiste, c'est-à-dire une théorie qui décide de la valeur morale d'une action non pas, comme le demande Kant, par rapport aux intentions de l'agent ou de son caractère, mais en fonction de ses conséquences sur la fin recherchée (le plus grand bonheur pour lc plus grand nombre). Autrement dit, l'utilité d'un acte se juge à ses résultats sur le bien commun et non d'après la pureté de ses intentions. Examinons quelques-unes des raisons invoquées par les utilitaristes. La première est la prudencc. En matière de bien commun, il faut en effet prendre beaucoup de précautions pour arriver à discerner les ingrédients du bonheur collectif. Qui peut réellement s'en remettre à la seule résolution du sujet pour savoir ce qu'il faut faire en vue du plus grand bonheur de tous ? L'utilitarisme refuse de s'y risquer et préfère, pour juger de la moralité d'une action, s'en remettre aux conséquences obtenues ou attendues plutôt qu'aux motifs. La deuxième raison repose sur la conviction profonde que l'exception est possible en morale. Si, en règle générale, tout le monde s'entend pour condamner le mensonge ou le vol, l'utilitarisme admet qu'il puisse y avoir des situations exceptionnelles qui justifient de tels actes. Dira-t-on d'une personne qu'elle est immorale si, pour empêcher quelqu'un de commettre un crime odieux, il lui a fallu mentir ? Enfin, troisième raison, l'intention, fût-elle la meilleure, n'est jamais à l'abri de la puissance de l'inclination, au sens où l'entend Kant. Mill partage la conviction de Hume selon laquelle « la raison est, et elle ne peut qu'être, l'esclave des passions[45]. » C'est la raison pour laquelle il affirme que dans quatre-vingt-dix-neuf pour cent des cas nous agissons « pour d'autres motifs » que le respect du devoir. Pour un utilitariste, la notion de devoir est une notion trop floue pour que l'évaluation d'une action repose sur elle. À quoi bon exiger des hommes qu'ils agissent par devoir si la plupart de leurs actes ne sont pas faits par devoir ? Kant lui-même reconnaît qu'il est difficile de savoir si une personne agit par devoir ou si elle obéit à des mobiles inavoués ou insoupçonnés. On peut même d'ailleurs se demander s'il est possible de trouver un individu qui soit capable d'agir par devoir. Dans le *Fondement de la métaphysique des mœurs*, Kant écrit :

---

[45] DAVID HUME. *Traité de la nature humaine.* Cité dans JEAN PUCELLE, *Hume ou l'ambiguïté* (p. 81). Paris, 1969 © Éditions Seghers.

«   Bien plus, lorsque nous considérons avec attention l'expérience de la conduite des hommes, nous trouvons des doléances nombreuses et, nous sommes tout disposés à le reconnaître, légitimes, concernant le fait qu'on ne peut apporter aucun exemple certain de la volonté d'agir par pur devoir. Même si maintes actions sont *conformes* à ce que le devoir commande, il n'en est pas moins toujours douteux qu'elles aient été véritablement accomplies *par devoir* et qu'elles aient par conséquent une valeur morale. C'est pourquoi il y a toujours eu des philosophes qui ont absolument nié la réalité d'une telle volonté dans les actions humaines et ont attribué celles-ci à l'amour de soi plus ou moins raffiné, sans pour autant mettre en doute la justesse du concept de moralité[46]. »

De son côté, Mill ajoute :

«   C'est affaire à la morale de nous dire quels sont nos devoirs, ou quel est le critérium qui nous permet de les reconnaître ; mais aucun système de morale n'exige que le seul motif de tous nos actes soit le sentiment du devoir : au contraire, nos actes, dans la proportion de quatre-vingt-dix-neuf sur cent, sont accomplis pour d'autres motifs, et, tout de même, sont des actes moraux si la règle du devoir ne les condamne pas. Il est particulièrement injuste de fonder sur cette singulière méprise une objection contre l'utilitarisme. Car les utilitaristes, allant plus loin que la plupart des autres moralistes, ont affirmé que le motif n'a rien à voir avec la moralité de l'action quoiqu'il intéresse beaucoup la valeur de l'agent. Celui qui sauve un de ses semblables en danger de se noyer accomplit une action moralement bonne, que son motif d'action soit le devoir ou l'espoir d'être payé de sa peine ; celui qui trahit l'ami qui a placé sa

---

[46] Emmanuel Kant. *Fondement pour la métaphysique des mœurs* (2ᵉ section, p. 35). Paris, 2007 © Hatier.

confiance en lui se rend coupable d'un méfait, même s'il se propose de rendre service à un autre ami envers lequel il a de plus grandes obligations qu'envers le premier[47]. »

Et à propos de Kant, il écrit :

« Cet homme remarquable, dont le système marquera long-temps une date dans l'histoire de la spéculation philosophique, pose, dans le traité en question, comme origine et fondement de l'obligation morale, un premier principe de portée universelle, qui est celui-ci : « Agis de telle sorte que la règle selon laquelle tu agis puisse être adoptée comme loi par tous les êtres raisonnables. » Mais entreprend-il de déduire de ce précepte l'une quelconque de nos obligations morales réelles, il échoue d'une façon presque ridicule, impuissant qu'il est à faire apparaître la moindre contradiction, la moindre impossibilité logique (pour ne pas dire physique) dans l'adoption par tous les êtres raisonnables des règles de conduite les plus outrageusement immorales. Tout ce qu'il montre, c'est que les conséquences de leur adoption universelle seraient telles que personne ne jugerait bon de s'y exposer[48]. »

Faut-il conclure que l'utilitarisme est indifférent aux motifs qui ont guidé l'agent moral, et donc au caractère de ce dernier ? La réponse est non. Il serait pour le moins étonnant, pour une doctrine morale, de condamner des traits de personnalité comme la loyauté, la générosité, le courage, etc. – toutes qualités que nous apprécions et recherchons chez les autres. Sans rien enlever à la valeur morale de celui qui agit, Bentham et

---

[47] JOHN STUART MILL. *L'Utilitarisme* (1861) (collection «Champs», chapitre II, p.68-69). Paris, 1988 © Flammarion.

[48] JOHN STUART MILL. *L'Utilitarisme* (1861) (collection «Champs», chapitre I, p. 42). Paris, 1988 © Flammarion.

Mill sont toutefois d'avis que le critère qui, en dernière instance, permet de juger un acte, ce sont les conséquences de cet acte, et non la manière d'être de l'agent. Car l'estime dans laquelle on tient quelqu'un peut faire oublier la valeur réelle de ses actions ; on court alors le risque d'évaluer son comportement en fonction de l'idée que l'on se fait de lui, donc à un jugement subjectif, et non pour ce qu'elle vaut, non pour ses résultats.

« Par les mêmes considérations, on peut faire justice d'un autre reproche adressé à l'utilitarisme et qui repose sur une méconnaissance plus grossière encore du but qu'on vise en posant un idéal moral et du sens exact des mots bien et mal. On affirme souvent que l'utilitarisme rend les hommes froids et peu compatissants ; qu'il glace leurs sentiments moraux à l'égard des individus ; qu'il les habitue à considérer uniquement, de façon sèche et dure, les conséquences des actes, et à ne pas comprendre, dans leurs appréciations morales, les qualités qui ont inspiré ces actions. Veut-on dire par là que, selon la doctrine utilitariste, le jugement sur la moralité ou l'immoralité d'une action ne doit pas être influencé par l'opinion qu'on a des qualités de la personne qui l'accomplit ? On formule alors un grief qui ne porte pas spécialement contre l'utilitarisme, mais contre le fait d'avoir un idéal moral, quel qu'il soit ; car il n'y a certainement aucun idéal moral connu au nom duquel on puisse décider qu'une action est bonne ou mauvaise parce qu'elle est accomplie par un homme bon ou mauvais, encore moins par un homme qui est aimable, brave ou bienveillant, ou tout l'opposé. De tels éloges concernent, non les actes, mais les personnes ; au reste, dans la théorie utilitariste, il n'y a rien qui nous interdise de reconnaître qu'en fait les personnes nous intéressent par autre chose encore que la moralité ou l'immoralité de leurs actions. À la vérité, les stoïciens, avec leur façon paradoxale et abusive de s'exprimer – qui est inhérente à leur système – ont essayé, à la faveur de ce langage, de s'élever au-dessus de toute préoccupation autre que celle de la vertu, et se sont complu à déclarer que celui qui possède la vertu possède tout ; qu'il est riche, qu'il est beau, qu'il est roi, et lui seulement. Mais la doctrine utilitariste ne revendique nullement pour l'homme vertueux le bénéfice de ces affirmations. Les utilitaristes se rendent parfaitement compte qu'il existe en dehors de la vertu d'autres biens et d'autres qualités qui sont désirables ; de tous ils sont parfaitement disposés à reconnaître la pleine valeur. Ils se rendent compte aussi qu'une action morale n'est pas nécessairement l'indice d'un caractère vertueux et que des actions blâmables procèdent souvent de qualités qui ont droit à l'estime. Lorsqu'il leur apparaît qu'il en est ainsi dans un cas particulier, leur appréciation se trouve modifiée, non pas, à coup sûr, à l'égard de l'acte, mais à l'égard de l'agent. Toutefois, je le reconnais, selon les utilitaristes, ce sont les bonnes actions qui fournissent à la longue la meilleure preuve d'un bon caractère ; et ils se refusent résolument à considérer comme bon un caractère où prédominerait la tendance à se conduire mal. Cela les rend impopulaires aux yeux de bien des gens ; mais c'est une impopularité qu'ils partagent inévitablement avec tous ceux qui veulent sérieusement tirer au clair la distinction du bien et du mal ; et le reproche n'est pas de ceux qu'un utilitariste consciencieux tienne beaucoup à repousser[49]. 〉〉

---

[49] JOHN STUART MILL. *L'Utilitarisme* (1861) (collection «Champs», chapitre II, p. 71-72). Paris, 1988 © Flammarion.

Questions sur le texte

1. Dans le premier extrait de Mill, l'auteur soutient « […] que le motif n'a rien à voir avec la moralité de l'action quoiqu'il intéresse beaucoup la valeur de l'agent ». Expliquez cette affirmation.

2. Comment faut-il comprendre la distinction entre les deux exemples suivants : celui qui sauve un de ses semblables en danger de se noyer et celui qui trahit l'ami qui a placé sa confiance en lui ?

3. Dans le deuxième extrait de Mill, expliquez la critique que fait l'auteur de la doctrine de Kant.

4. « Ils se rendent compte aussi qu'une action morale n'est pas nécessairement l'indice d'un caractère vertueux et que des actions blâmables procèdent souvent de qualités qui ont droit à l'estime. » Commentez ce passage et donnez, si possible, des exemples appropriés à ce type de situation.

LE CALCUL DU BONHEUR

Les critères des plaisirs et des peines

Ce qui nous amène à la question de savoir comment, concrètement, s'effectuera l'évaluation des conséquences d'un acte donné. La réponse se trouve dans ce qu'il est convenu d'appeler « le calcul des plaisirs et des peines ». Cette méthode, selon Bentham, vise à déterminer scientifiquement, c'est-à-dire en usant de règles et de critères précis, la quantité de plaisir et de peine inhérente à nos diverses actions afin d'éviter souffrance et malheur et, par voie de conséquence, d'obtenir plaisir et bonheur[50].

---

50 JEREMY BENTHAM. *Traités de législation civile et pénale*. Dans *Œuvres* (tome 1, p. 24). Darmstadt, Scientia Verlag Aalen, 1969.

Ces critères sont au nombre de sept :

Durée : elle correspond au minimum de temps que prend une sensation pour être éprouvée comme plaisir. Un plaisir long et durable est plus utile qu'un plaisir passager ; c'est ainsi qu'une longue amitié, par exemple, est supérieure à une connaissance de hasard.

Intensité : c'est la force avec laquelle on ressent un plaisir. Un plaisir vif est supérieur à un plaisir de faible intensité ; la joie que procure le saut en parachute est plus intense que celle d'une simple promenade.

Certitude : c'est la probabilité qu'un plaisir se réalise. Un plaisir est plus utile si on est sûr qu'il aura lieu ; la joie de pouvoir admirer une toile de Picasso dans un musée est plus assurée que le plaisir d'en posséder une.

Proximité : elle définit le rapport d'un plaisir au temps. Un plaisir immédiat est plus utile qu'un plaisir lointain ; partir en voyage réjouit davantage qu'économiser pour une retraite qui aura lieu dans trente ans.

Étendue ou extension : ce critère renvoie au nombre de personnes affectées par un plaisir. Un plaisir à plusieurs est supérieur à un plaisir individuel ; prendre un repas avec des amis est plus agréable que manger seul.

Fécondité : c'est la capacité qu'a un plaisir d'en entraîner d'autres à sa suite. Le plaisir d'apprendre des langues est supérieur au plaisir de laver sa voiture, puisque l'apprentissage d'une langue amène d'autres plaisirs, comme celui de discuter avec des gens qu'on ne connaît pas, de découvrir la culture d'un pays étranger, de voyager, etc. Par contre, même après mille lavages, la joie reste limitée.

Pureté : elle correspond à la propriété qu'a un plaisir d'être exempt de souffrance ultérieure. Un plaisir est d'autant plus pur qu'il est à l'abri de tout désagrément ultérieur ; faire du conditionnement physique modérément vaut mieux que se livrer à un entraînement sportif qui rend malade.

Question de compréhension

Pour mieux comprendre le calcul des plaisirs et des peines, imaginons que vous ayez à choisir entre l'achat d'une automobile et un voyage. En vous servant des critères de Bentham donnés ci-dessus (durée, intensité, certitude, etc.), attribuez à chacun d'eux une valeur allant de 0 à 5. Additionnez les valeurs obtenues et calculez la somme totale de tous les critères pour chacune des deux actions. Si le calcul a été bien fait, la valeur obtenue la plus élevée devrait normalement vous indiquer le choix à faire.

Théoriquement, la validité du calcul du bien moral dépend de la possibilité de recourir au plus grand nombre de critères quand vient le moment d'évaluer une action. À titre d'exemple, peut-on trouver un mélomane pour qui la valeur d'une pièce musicale se mesurerait uniquement à sa durée en minutes ? Si tel était le cas, il faudrait admettre que rien ne peut distinguer le plaisir engendré par une écoute de trois minutes de la cinquième symphonie de Beethoven jouée par un grand orchestre et du même morceau reproduit par la sonnerie d'un téléphone cellulaire. Par ailleurs, entre deux actions, la meilleure serait celle qui a obtenu le plus grand plaisir une fois additionnées les quantités de plaisir obtenues par les différents critères. Plusieurs penseurs n'ont pas manqué de critiquer cette manière d'envisager le choix moral, à commencer par Marx, pour qui le calcul des utilitaristes est l'exemple type d'une morale «d'épicier anglais[51]».

© iStockphoto.com/Srdjan Stefanovic Savany

Faut-il toujours calculer avant d'agir?

Une des objections les plus souvent adressées à l'utilitarisme porte sur la faisabilité du calcul de l'utilité. Dans son principe, le calcul du bonheur pour le plus grand nombre implique la possibilité d'évaluer l'ensemble des conséquences d'une action donnée sur le degré de bonheur et de malheur de l'ensemble des individus affectés par elle. Cette tâche est considérable. Elle suppose, d'une part, d'avoir à sa disposition le temps nécessaire pour effectuer le calcul, ce qui n'est pas toujours le cas, d'autre part, de posséder les informations et les connaissances requises pour conférer une certaine objectivité à l'évaluation, ce qui, encore une fois, n'est pas toujours le cas.

À ce genre de critique, Bentham répond qu'il n'est pas nécessaire, ni même souhaitable, de toujours recourir à la méthode du calcul avant d'agir. Il ne pense pas qu'on puisse réduire la morale à une question de calcul, à moins d'avoir affaire à des cas très simples. C'est du moins ce qu'il écrit: «On ne peut s'attendre à ce que ce procédé soit rigoureusement appliqué avant tout jugement moral, toute mesure législative ou

---

[51] KARL MARX. *Le Capital. Critique de l'économie politique* (tome 1, note de bas de page du chapitre 24, p. 674). Paris, Éditions sociales, 1977.

judiciaire. Pourtant, on peut toujours le garder en vue [...][52]. »

Dans les faits, on s'en sert plutôt comme d'un instrument indiquant la direction que doivent prendre nos actions en vue d'une fin heureuse, à la façon du promeneur en forêt qui ne consulte sa boussole qu'à l'occasion, lorsque, par exemple, il redoute de s'être engagé dans la mauvaise direction.

Par ailleurs, comme l'indique Mill, l'humanité a, au long de son histoire, effectué le calcul de l'utilité bien des fois, et sur de nombreuses questions. Il serait donc inutile de refaire des règles morales dûment établies. Sinon, ce serait faire comme un marin qui refuserait de prendre la mer sous prétexte qu'il n'a pas dressé lui-même les cartes de navigation dont il aura à se servir : il se priverait de tout le savoir nautique acquis par des générations de marins. Il est donc rationnel, pour l'individu qui vise le bonheur, de faire confiance à la sagesse séculaire des générations qui nous ont précédés et de reconnaître aux règles morales établies au cours des âges la capacité de nous guider. Par contre, lorsque de telles règles viennent à manquer, celui qui cherche à prendre la meilleure décision ne peut faire autrement que d'évaluer les conséquences possibles de ses actions.

Enfin, d'un point de vue social, il serait insensé d'attendre d'un gouvernement qu'il calcule les conséquences de chaque action individuelle afin d'établir lesquelles sont favorables ou non à la collectivité. C'est globalement que sont évalués les cas particuliers, et non l'un après l'autre.

Prenons l'exemple du vol. Si les juges devaient trancher au cas par cas et non en se rapportant à la loi, l'idée même de justice n'aurait plus aucun sens, et plus personne ne ferait confiance à qui que ce soit. Car, en lui-même et pour un indi-

---

[52] JEREMY BENTHAM. *Introduction aux principes de la morale et de la législation.* Cité dans CATHERINE AUDART, *Anthologie historique et critique de l'utilitarisme* (volume 1, p. 230). Paris, 1999 © PUF.

vidu en particulier, un vol peut avoir son utilité. Il en est autrement quand on l'envisage d'un point de vue collectif, d'autant qu'à ce niveau, les règles ont une relative permanence. Il est par conséquent très rare de voir remettre en question les lois qui régissent l'activité sociale d'une communauté, sauf lorsqu'on s'aperçoit qu'elles sont suivies d'effets discriminatoires non prévus au départ (c'est le cas, actuellement, avec la loi sur le mariage, dont les gouvernements se demandent si elle n'est pas offensante pour les homosexuels) ou qu'elles ne permettent pas de répondre au caractère inédit de certaines situations (par exemple, les lois sur le clonage, sur les mères porteuses, sur la transplantation d'organes). On a alors besoin du calcul de l'utilité pour savoir si le nouvel état de fait demande une modification des règles morales en vigueur.

Cette manière qu'a Mill d'envisager le calcul a amené certains philosophes contemporains à distinguer deux types d'utilitarisme : « l'utilitarisme de l'acte » et « l'utilitarisme de la règle ». Suivant l'utilitarisme de l'acte, il faut, avant chaque décision, toujours calculer l'ensemble des conséquences possibles pour l'ensemble des actions en présence, et choisir celle qui semble produire plus d'avantages que de désavantages. Suivant l'utilitarisme de la règle, les règles morales qui se sont avérées efficaces tout au long de l'histoire de l'humanité ont préséance sur le calcul de l'utilité, à moins que leur adoption laisse présager des effets négatifs sur le bonheur général.

Dans le cas de Bentham et de Mill, il est difficile de savoir s'ils sont partisans de l'utilitarisme de la règle ou de l'acte, étant donné que cette distinction est postérieure à eux. Disons simplement que l'utilitarisme classique est tout à la fois un mélange et une combinaison de ces deux formes de calcul. C'est la situation qui décide si l'acte ou la règle l'emporte. Parlant du calcul de l'utilité, Mill écrit :

« Les défenseurs de l'utilitarisme se trouvent encore appelés, bien souvent, à répondre à des objections du genre de celle-ci : on n'a pas le temps, avant d'agir, de calculer et de peser les effets d'une ligne de conduite sur le bonheur général. C'est exactement comme si l'on devait dire qu'il nous est impossible de diriger notre conduite selon les principes chrétiens, parce que nous n'avons pas le temps, chaque fois qu'il nous faut agir, de lire d'un bout à l'autre l'Ancien et le Nouveau Testament. À cette objection on peut répondre qu'on a eu largement le temps, puisqu'on a eu un temps égal à tout le passé de l'espèce humaine[53]. »

Et il ajoute :

« Durant tout ce temps, les hommes ont appris à connaître par l'expérience les effets à attendre de leurs actes ; et c'est de cette expérience que dépendent toute la prudence, et aussi toute la moralité de la vie. On parle comme si le début de cette série d'expériences avait été différé jusqu'au moment actuel et comme si, lorsqu'un homme se sent tenté de toucher à la propriété ou à la vie d'autrui, il devait commencer à se demander pour la première fois si le meurtre et le vol sont préjudiciables au bonheur humain. Même dans ces conditions, je ne pense pas qu'il trouverait la question très embarrassante ; mais, en tout cas, la chose est réglée aujourd'hui et à la portée de sa main. Il serait vraiment bizarre de supposer que les hommes, après s'être mis d'accord pour admettre que l'utilité est la pierre de touche de la moralité, n'arriveraient pas à s'accorder sur ce qui est utile et ne prendraient aucune mesure pour que les notions concernant ces choses soient inculquées à la jeunesse et fortifiées par les lois et l'opinion. Il n'est nullement difficile de prouver qu'un principe moral quelconque joue mal si l'on suppose qu'il

---

53 JOHN STUART MILL. *L'Utilitarisme* (1861) (collection «Champs», chapitre II, p. 77). Paris, 1988 © Flammarion.

coexiste avec une sottise universelle ; mais dans toute autre hypothèse moins excessive, nécessairement il faut admettre que les
hommes ont acquis maintenant des croyances fermes concernant
les effets de certaines actions sur leur bonheur ; et les croyances qui
sont ainsi parvenues jusqu'à nous sont les règles de la moralité pour
la foule, et aussi pour le philosophe, jusqu'à ce qu'il ait réussi à en
trouver de meilleures. Que ce soit chose facile pour les philosophes,
même actuellement et sur bien des points ; que le code de morale
reçu ne soit en aucune façon de droit divin ; et que l'humanité ait
encore beaucoup à apprendre au sujet des effets qu'ont les actions
sur le bonheur général, je l'admets, ou plutôt je le soutiens résolument. Les corollaires du principe de l'utilité, comme les préceptes de
tous les arts pratiques, sont susceptibles d'un progrès indéfini, et,
lorsque l'esprit humain est en progrès, ces perfectionnements sont
incessants. Mais considérer les règles de la moralité comme perfec-
tibles est une chose ; négliger entièrement les généralisations inter-
médiaires, et s'efforcer d'apprécier chaque action particulière en se
référant directement au premier principe en est une autre. Imaginer
que la reconnaissance d'un premier principe est incompatible avec
l'admission de principes secondaires est une étrange opinion. Faire
connaître à un voyageur où se trouve le but final de son voyage, ce
n'est pas lui interdire d'avoir recours aux bornes et aux poteaux in-
dicateurs qui se trouvent sur son chemin. En affirmant que le bonheur est la fin et le but de la moralité, on ne veut pas dire qu'il ne
faut tracer aucune route qui permette d'arriver au terme du voyage,
ou que les personnes qui s'y rendent ne doivent pas être averties
qu'il faut prendre une direction plutôt qu'une autre. Vraiment on
devrait s'abstenir de débiter sur ce sujet des sottises d'une espèce
telle qu'on ne consentirait ni à les énoncer ni à les écouter s'il s'agis-
sait d'autres questions d'intérêt pratique. Personne ne prétend démontrer, en alléguant que les marins n'ont pas le temps de faire les
calculs de l'Almanach nautique, que l'art de la navigation n'est pas
fondé sur les connaissances de l'astronomie. Étant des êtres raisonnables, les marins prennent la mer avec des calculs tout faits ; et
tous les êtres raisonnables s'embarquent sur la mer de la vie instruits

sur les questions courantes concernant ce qui est bien et ce qui est mal, aussi bien que sur les questions beaucoup plus difficiles concernant ce qui est sage et ce qui est insensé. Et cela, aussi longtemps que la prévoyance sera une qualité humaine, on doit présumer qu'ils continueront à le faire. Quel que soit le principe que nous adoptions pour fonder la morale, il nous faut, pour en assurer l'application, des principes subordonnés ; l'impossibilité de s'en passer étant commune à tous les systèmes, on ne peut tirer de là aucun argument contre l'un de ces systèmes pris en particulier ; mais raisonner gravement comme si l'on ne pouvait avoir à sa disposition des principes secondaires de ce genre et comme si l'humanité s'était abstenue jusqu'à ce jour, et s'abstenait toujours de dégager des conclusions générales en s'appuyant sur l'expérience acquise au cours de sa vie, raisonner ainsi, c'est atteindre, selon moi, le plus haut degré d'absurdité auquel soit jamais arrivée la controverse philosophique[54]. 〉〉

Questions sur le texte

Commentez ces passages :

1. « On parle comme si le début de cette série d'expériences avait été différé jusqu'au moment actuel et comme si, lorsqu'un homme se sent tenté de toucher à la propriété ou à la vie d'autrui, il devait commencer à se demander pour la première fois si le meurtre et le vol sont préjudiciables au bonheur humain. »

2. « [...] tous les êtres raisonnables s'embarquent sur la mer de la vie instruits sur les questions courantes concernant ce qui est bien et ce qui est mal. »

---

54 JOHN STUART MILL. *L'Utilitarisme* (1861) (collection «Champs», chapitre II, p. 78). Paris, 1988 © Flammarion.

Une attitude impartiale

Quoi qu'il en soit, le calcul de l'utilité n'est pas tant un outil capable de fournir des réponses exactes à nos questions morales qu'un guide permettant à l'individu de ne pas laisser ses croyances et ses préjugés interférer avec ses décisions. Les critères du calcul sont là pour rappeler que seuls les faits observables ont leur place, que les convictions personnelles n'ont pas lieu de s'interposer. L'esprit du calcul de l'utilité se reconnaît à l'attitude d'impartialité prônée par les utilitaristes en morale. À tel point que, si l'on demandait à Bentham et à Mill de nous dire ce que nous devons faire pour contribuer à l'amélioration du plus grand bonheur collectif, ils répondraient sans doute : assurer « une parfaite impartialité entre les personnes[55] ». Reste à voir ce que cela signifie.

Du point de vue des utilitaristes, l'impartialité s'explique en vertu de deux principes : l'universalité et l'égalité. Le principe d'universalité fait qu'on ne peut exclure du calcul un individu ou un groupe d'individus concernés de près ou de loin par l'action à accomplir. Tous ceux qui sont affectés par l'action d'un individu doivent être pris en considération. En fait, le mot « individu » est, dans ce contexte, mal choisi ; il faudrait plutôt parler d'« être vivant » car, pour Bentham, les animaux doivent aussi entrer en ligne de compte dans le calcul de l'utilité étant donné qu'ils sont, eux aussi, dans un rapport immédiat avec les sensations de plaisir et de peine. Sur ce point, voici deux citations.

---

[55] JOHN STUART MILL. *L'Utilitarisme* (1861) (collection « Champs », chapitre V, note de bas de page, p. 153). Paris, 1988 © Flammarion.

La première, de Bentham :

« Un jour viendra peut-être où le reste de la création animale pourra acquérir ces droits que seule la main de la tyrannie a pu leur interdire. Les Français ont été les premiers à découvrir qu'avoir la peau noire n'est pas une raison pour qu'un être humain soit abandonné sans recours au caprice d'un tortionnaire. Un jour, peut-être, on reconnaîtra que le nombre de pattes, la villosité de la peau, ou la terminaison du sacrum ne sont pas des raisons suffisantes pour abandonner un être sensible au même sort. Qu'est-ce qui pourrait encore constituer la ligne infranchissable ? La faculté de raisonner ou peut-être la faculté de s'exprimer par la parole ? Mais un cheval ou un chien adultes sont des animaux incomparablement rationnels, et aussi plus sociables, qu'un bébé d'un jour, ou d'une semaine et même d'un mois. Et supposons qu'il en soit autrement, qu'est-ce que cela changerait ? La question n'est pas, peuvent-ils raisonner ? Ni peuvent-ils parler ? Mais peuvent-ils souffrir[56] ? »

Et la seconde, de Mill :

« La morale peut donc être définie comme l'ensemble des règles et des préceptes qui s'appliquent à la conduite humaine et par l'observation desquels une existence telle qu'on vient de la décrire pourrait être assurée, dans la plus large mesure possible, à tous les hommes ; et point seulement à eux, mais, autant que la nature des choses le comporte, à tous les êtres sentants de la création[57]. »

---

[56] JEREMY BENTHAM. *Introduction aux principes de la morale et de la législation.* Cité dans PETER SINGER, *Comment vivre avec les animaux ?* (Collection «Vu d'Amérique», p. 13-14). Paris, 2004 © Éditions du Seuil.

[57] JOHN STUART MILL. *L'Utilitarisme* (1861) (collection «Champs», chapitre I, p. 58). Paris, 1988 © Flammarion.

Mentionnons que ces passages, en particulier celui de Bentham, ont été amplement commentés par des philosophes contemporains, comme Peter Singer, qui se préoccupent de la question des devoirs des hommes envers les animaux.

Le second principe, l'égalité, empêche que, dans le calcul, on accorde un statut privilégié à un individu ou à un groupe d'individus. Il n'y a aucune raison pour que le plaisir et la souffrance d'un tel aient plus ou moins d'importance que ceux de tel autre, même s'il s'agit de nos amis ou parents ; tous doivent être considérés comme égaux. Selon la fameuse assertion de Bentham, « Chacun doit compter pour un, personne pour plus d'un[58]. »

L'impartialité voulue par le calcul de l'utilité se laisse également sentir dans la manière de concevoir le bonheur collectif, entendu comme la somme de tous les plaisirs et de toutes les peines des individus qui composent la société. On peut cependant se demander à quoi pourrait bien ressembler un tel bonheur. S'obtient-il par la simple addition des intérêts particuliers ? Ou en faisant la moyenne des plus grands plaisirs du plus grand nombre d'individus ? S'il n'est pas facile de répondre, une chose en revanche est sûre. En demandant de tenir compte de tous les intérêts personnels, au risque de devoir définir le bonheur collectif comme la somme de ceux-ci, l'utilitarisme refuse de voir dans le bonheur du plus grand nombre une simple généralisation de certains choix individuels. C'est là une position radicale, qui a beaucoup contribué aux changements dont la société britannique a été l'objet au XIXe siècle. À une époque où une grande partie de la population vit dans des conditions de misère, où l'esclavage représente un apport non négligeable à l'empire colonial, où le suffrage

---

[58] JOHN STUART MILL. *L'Utilitarisme* (1861) (collection « Champs », chapitre V, p. 153). Paris, 1988 © Flammarion.

Peter Singer
(1946-)

Philosophe utilitariste australien, Singer est considéré par de nombreux groupes de défense des droits des animaux comme le « père spirituel » de ce mouvement. Dans un livre de 1975 sur la protection des animaux, il montre que, si l'on suit les enseignements de Bentham, il est moralement condamnable, au même titre que le racisme et le sexisme, de considérer l'espèce humaine comme une espèce à part.

Sur le plan moral, il n'y a aucune raison sérieuse pour que des êtres qui éprouvent de la douleur et du plaisir n'aient pas droit à une égale considération. Les intérêts des animaux doivent donc être pris en compte dans nos calculs de l'utilité. D'autres auteurs vont encore plus loin. C'est le cas de Tom Regan (*The Case for Animal Rights*, Berkeley, University of California Press, 1983) qui, pour sa part, estime que la position utilitariste de Singer est insuffisante. Il faut selon lui une véritable théorie éthique fondée sur le droit des animaux si l'on veut réellement défendre la vie animale. Les thèses de Singer sont connues pour susciter de vives réactions. En 1991, l'enseignement de ses textes sur l'euthanasie a été interdit… au pays de Kant.

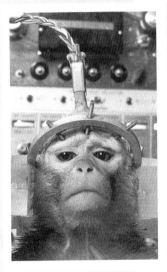

Parmi ses écrits, soulignons : *Démocratie et désobéissance* (1973) ; *La Libération animale* (1975) ; *Questions d'éthique pratique* (1993).

universel n'a pas encore sa place en politique, affirmer que chaque individu «doit compter pour un, personne pour plus d'un» est incontestablement révolutionnaire.

Les principes du calcul de l'utilité

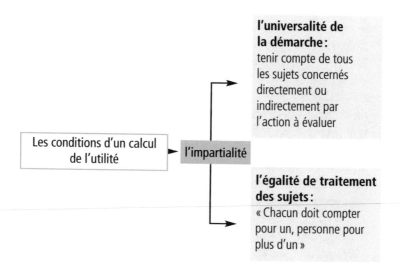

POUVOIR POLITIQUE ET BIEN COMMUN

En principe, le calcul de l'utilité s'applique aussi bien à l'individu qu'à la communauté. C'est toutefois sur le plan de l'action politique, juridique et sociale que cette méthode trouve tout son sens. Il est vrai qu'il nous arrive de mettre en balance les avantages et les désavantages lorsque nous avons une décision importante à prendre (choix d'une profession, achat d'une maison, etc.). Mais ce calcul ne correspond pas à celui proposé par Bentham parce que nous le faisons la plupart du temps en fonction de nos intérêts personnels. Par ailleurs, il est rare qu'une action individuelle retentisse sur le groupe au point d'affecter le bonheur de tous. Comme le dit explicitement Mill :

« On méconnaît la pensée des utilitaristes quand on suppose que les gens, selon cette doctrine, devraient fixer leur esprit sur une idée aussi générale que celle du genre humain ou de la société au sens large du mot. La grande majorité des bonnes actions tendent non pas au bien universel, mais au bien d'individus déterminés et c'est de ces biens particuliers qu'est composé le bien du genre humain ; et la pensée de l'homme le plus vertueux n'a nul besoin, en ces occasions, de dépasser les personnes déterminées en cause, sinon dans la mesure nécessaire pour s'assurer qu'en leur faisant du bien on ne viole les droits, c'est-à-dire l'attente légitime et justifiée, d'aucune autre. Être vertueux, selon la morale utilitariste, c'est se proposer d'accroître le nombre des heureux : mais, réserve faite, pour une personne sur mille, les occasions dans lesquelles on a le pouvoir de le faire sur une grande échelle, en d'autres termes, d'être un bienfaiteur public, sont exceptionnelles ; et, c'est dans ces occasions seulement qu'on est appelé à envisager l'utilité publique ; dans tous les autres cas, l'utilité privée, l'intérêt ou le bonheur d'un petit nombre de personnes sont tout ce qui doit retenir l'attention. Seuls, les hommes dont les actes exercent une influence sur la société dans son ensemble ont besoin de se préoccuper habituellement d'un objet si vaste. À la vérité, dans les cas où on se retient d'agir — lorsqu'il s'agit de choses que l'on s'abstient de faire en raison de considérations morales, quoique les conséquences dans le cas particulier puissent être avantageuses —, il serait indigne d'un agent intelligent de ne pas comprendre que les actes de cette catégorie, si la pratique en était universelle, seraient universellement nuisibles et que c'est cela qui fonde l'obligation de s'en abstenir. Mais, pour s'en rendre compte, il n'est pas besoin d'une considération plus étendue de l'intérêt public que celle qu'exige n'importe quel système de morale, car tous prescrivent de s'abstenir de tout acte manifestement nuisible à la société[59]. »

Questions sur le texte

1. Quelle est, selon Mill, la différence entre l'utilité publique et l'utilité personnelle ?

2. Exposez l'idée centrale de cet extrait : « À la vérité, dans les cas où on se retient d'agir – lorsqu'il s'agit de choses que l'on s'abstient de faire en raison de considérations morales, quoique les conséquences dans le cas particulier puissent être avantageuses –, il serait indigne d'un agent intelligent de ne pas comprendre que les actes de cette catégorie, si la pratique en était universelle, seraient universellement nuisibles et que c'est cela qui fonde l'obligation de s'en abstenir. »

Le libéralisme

Dans sa forme classique, l'idéologie libérale apparaît en Angleterre entre le XVIe et le XIXe siècle, avec en arrière-plan le projet de trouver pour l'État une assise laïque qui serait à l'abri des autorités religieuses et de l'absolutisme des monarchies. Les aspirations de la pensée libérale s'articulent autour de trois axes : tolérance et respect de la liberté de conscience, libre choix des gouvernants, liberté économique. En ce qui concerne le premier, il s'agit d'abord, au XVIe et au XVIIe siècle, de revendiquer le droit pour chaque individu de vivre selon sa conscience et de rechercher le bonheur comme il l'entend. Sur le plan politique, cette plus grande tolérance du pouvoir religieux vis-à-vis des individus va amener les philosophes des Lumières à réclamer une société qui ne dépende plus de l'arbitraire du monarque, mais qui soit édifiée sur le droit : les gouvernés, disent-ils, sont en mesure de choisir eux-mêmes leurs gouvernants. Au XIXe siècle, le libéralisme prône également la revendication d'un ensemble de libertés individuelles garanties par l'État :

---

[59] JOHN STUART MILL. *L'Utilitarisme* (1861) (collection «Champs», chapitre II, p. 69-71). Paris, 1988 © Flammarion.

liberté de presse, droit de propriété, droit d'association, droit au pluralisme des partis, etc. Il est important de souligner que les démocraties
occidentales ont graduellement assimilé les idées du libéralisme politique, à savoir que le pouvoir de l'État devrait limiter ses interventions
au minimum auprès des individus de façon que chacun puisse jouir au
mieux de sa liberté. Pour tout dire, le rôle de l'État se justifie par sa capacité à arbitrer les conflits entre les individus ou les groupes au nom
de la liberté des sujets. Enfin, sur le plan économique, l'idéologie libérale trouve son expression la plus éclatante dans la théorie du « laisser-
faire », si chère à l'esprit du capitalisme. Elle voit, dans le jeu de la libre
concurrence en matière de production et la possibilité pour quiconque
de consommer les biens et les services de son choix, le modèle d'un
régime économique qui, tout en stimulant la richesse par la liberté des
échanges, respecte la liberté individuelle de chacun.

Au XXᵉ siècle, le libéralisme change de visage. C'est le moment du néolibéralisme. Historiquement parlant, il apparaît autour des années 1920.
Nombreux sont les économistes qui, après la guerre de 1914-1918, la
révolution bolchevique de 1917 et surtout la grande dépression du
début des années 1930, remettent en cause certains principes du libéralisme, à commencer par la notion d'un État minimal, avec les droits
et libertés individuels qui s'ensuivent, etc. On voit alors prendre corps
une nouvelle approche, selon laquelle l'État devrait être collectiviste,
interventionniste et protectionniste – ce qui donne naissance à l'État
providence des années 1960. Cependant, depuis le début des années
1980, on désigne par néolibéralisme un retour en force du libéralisme
fondateur. Accusant l'État providence d'être la cause de la récession
économique des années 1970, les partisans de cette idéologie demandent que soit assouplie la réglementation de l'activité économique
afin de stimuler l'initiative personnelle, moteur principal d'une société
riche et prospère. Enfin, avec la crise financière mondiale de 2008 et les
milliards de dollars déboursés par les États pour sauver le système économique, le néolibéralisme est à nouveau questionné. Plusieurs voix
s'élèvent pour exiger une réglementation plus serrée de l'économie afin
d'éviter les dérapages de la liberté des marchés et de la concurrence
sans frein.

Pour en savoir plus : Raymond Aron, *Essai sur les libertés*, Paris, Calmann-Lévy, 1965 ; Catherine Audart, *Qu'est-ce que le libéralisme ?*
Éthique, Politique, Société, Paris, Gallimard, collection « Folio Essais »,
2009 ; Friedrich von Hayek, *Droit, législation, liberté*, Paris, Presses Universitaires de France, 3 volumes, 1980-1983 ; Pierre Manent, *Histoire*
intellectuelle du libéralisme : Dix leçons, Paris, Calmann-Lévy, 1987.

L'utilitarisme et le libéralisme

Le passage précédent témoigne bien du caractère social de l'éthique utilitariste. En fait, la question de la morale est à ce point inséparable de celle du politique qu'il arrive souvent à Bentham et à Mill de les confondre. Toutes les deux ont en commun le souci du bonheur des individus[60]. De plus, elles postulent que l'intérêt de l'individu ne saurait être différent de celui de la société, puisqu'il en est la somme. Le politique tire donc sa légitimité de la capacité qu'il a de maximiser le bonheur individuel par le moyen du bonheur collectif. Un gouvernement qui faillit à cette tâche est un mauvais gouvernement. Nous comprenons mieux, ainsi, les raisons qui conduisent Bentham à réserver l'usage du calcul de l'utilité pour les besoins du pouvoir politique. Toute la question est ici de savoir comment il est possible, en prenant les hommes tels qu'ils sont, c'est-à-dire des êtres qui poursuivent naturellement leurs intérêts personnels au lieu de penser au bien public, de les amener à faire ce qui va accroître le bonheur général. Autrement dit, comment les intérêts des particuliers, par nature égoïstes, peuvent-ils se combiner pour donner existence à une société heureuse ?

Depuis les travaux d'Adam Smith, un des plus célèbres représentants du libéralisme classique, nombreux sont les philosophes qui admettent que l'intérêt général est souvent mieux servi quand on laisse les individus suivre leurs intérêts particuliers. Sur plus d'un point, Bentham et Mill s'inscrivent dans le courant libéral, selon lequel « chaque homme est plus compétent que tout autre à juger de ce qui convient à son propre bien-être[61]. » Mais, à la différence de Smith, l'utilitarisme

---

[60] JEREMY BENTHAM. *Traités de législation civile et pénale.* Dans *Œuvres* (tome 1, p. 37). Darmstadt, Scientia Verlag Aalen, 1969.

[61] JEREMY BENTHAM. *Déontologie ou science de la morale.* Dans *Œuvres* (tome 4, p. 26). Darmstadt, Scientia Verlag Aalen, 1969.

continue d'accorder au pouvoir politique un rôle central pour la promotion du bonheur collectif. Sans une intervention efficace de l'État, la recherche de la liberté des uns risque de nuire à la liberté des autres, diminuant d'autant le bien-être général. Laissés à eux-mêmes, les hommes ne savent pas toujours ce qui est vraiment utile au bien commun. Les libertés individuelles interfèrent entre elles et finissent par être contraires au bonheur du plus grand nombre.

Adam Smith
(1723-1790)

Philosophe et économiste écossais considéré comme le fondateur de l'économie politique ou de la science économique. Il montre comment l'égoïsme contribue sans le vouloir à réaliser le bien commun, comme si une « main invisible » veillait à l'harmonie collective. Par ailleurs, contrairement aux conceptions traditionnelles,

Adam Smith d'après un médaillon de James Tassie (1811).

Smith n'explique pas la richesse d'un pays par son agriculture, ses ressources naturelles ou la balance de son commerce extérieur, mais par la valeur d'échange créée par la quantité globale de travail produite par une société. Tout comme les empiristes anglais, Smith pense trouver le fondement de la morale non pas dans les principes et les règles de la raison, mais dans les sentiments.

Parmi ses écrits, soulignons : *Théorie des sentiments moraux* (1759) ; *Recherches sur la nature et les causes de la richesse des nations* (1776).

Il ne faut toutefois pas se méprendre. Pour l'utilitarisme, le pouvoir politique ne mérite aucune considération particulière. Celui qui est en position de pouvoir tend naturellement à faire passer son intérêt personnel ou professionnel avant toute autre chose. Pour le dire autrement, le pouvoir politique est opprimant, et ceux qui le détiennent sont généralement, comme le dira Bentham, « les adversaires naturels du peuple[62] ». Si nous obéissons aux lois, c'est moins par respect envers elles que par intérêt. Car, fondamentalement, toute forme de gouvernement est insupportable pour des êtres qui recherchent spontanément le bonheur. Mais comme le bonheur de l'un peut porter atteinte au bonheur de l'autre, Bentham estime qu'un gouvernement est un mal nécessaire[63]. Sa seule raison d'être, sa légitimité, consiste à alléger des difficultés ou des souffrances qui, sans son intervention, seraient encore plus grandes, à protéger les intérêts des individus tout en pourvoyant au bien commun. Ce

> La notion d'État renvoie à l'ensemble des institutions (administratives, économiques, juridiques, militaires, politiques) qui organisent la vie en société sur un territoire donné. Dans sa conception moderne, l'État se caractérise essentiellement par une institutionnalisation du pouvoir, c'est-à-dire qu'il n'est plus pensé comme appartenant à celui qui exerce ce pouvoir, mais comme un espace public permanent régi par des normes rationnelles, communes à tous, et nécessaires à la cohésion sociale. En revanche, on appelle gouvernement l'ensemble des organismes et des individus chargés de diriger un État. Comme il existe plusieurs manières d'administrer la « chose publique », la question fondamentale qui ne cesse d'être posée depuis l'Antiquité est de savoir à quelle forme de gouvernement (aristocratie, oligarchie, démocratie, etc.) il faut confier le pouvoir de l'État.
>
> Pour en savoir plus : Hannah Arendt, *La nature du totalitarisme*, Paris, Payot, 1990 ; Nicolas Tenzer, *Philosophie politique*, Paris, Presses Universitaires de France, 1994 ; Max Weber, *Le savant et le politique*, Paris, 10/18, 1996.

---

[62] JEREMY BENTHAM. *Code constitutionnel*. Dans *The Works of Jeremy Bentham* (volume IX, p. 47). Edimbourg, 1843. (Édité et présenté par John Bowring.)

[63] JEREMY BENTHAM. *Traités de législation civile et pénale*. Dans *Œuvres* (tome 1, p. 32). Darmstadt, Scientia Verlag Aalen, 1969.

pouvoir que le gouvernement a de légiférer, d'administrer et de punir, il doit s'en servir pour arbitrer les conflits entre les particuliers et optimiser la conciliation entre les divers intérêts. Autrement dit, les hommes ont besoin de l'appareil répressif de l'État pour accommoder leurs intérêts, souvent contradictoires ; en contrepartie, l'État a des obligations envers les citoyens.

Les conditions de la légitimité du pouvoir

Bentham reconnaît quatre conditions de la légitimité du pouvoir politique[64] :

Sécurité des personnes et des biens : l'État doit assurer la protection de l'individu et de ses biens (droit de propriété) contre les abus d'autrui ;

Subsistance : l'État doit assurer à quiconque ses besoins essentiels (nourriture, vêtements, habitation, etc.) ;

Abondance : l'État doit veiller à ce que règne un minimum de richesse afin de ne pas réduire la population aux plaisirs immédiats de l'existence. La prospérité économique est plus susceptible de contribuer au bonheur des hommes que la pauvreté ;

Égalité : l'État doit veiller, dans la mesure du possible, à ce que toutes les personnes puissent jouir des mêmes droits consentis par les lois.

---

[64] JEREMY BENTHAM. *Traités de législation civile et pénale*. Dans *Œuvres* (tome 1, p. 56). Darmstadt, Scientia Verlag Aalen, 1969.

Si on les évalue au regard du principe de l'utilité, ces quatre conditions ne sont pas d'égale valeur. Un gouvernement soucieux du bonheur de son peuple doit d'abord assurer à tout un chacun sa sécurité – la sienne et celle de ses biens –, sa subsistance, avant de travailler à mettre sur pied une politique sociale qui prenne en compte d'abord l'abondance et finalement l'égalité. En fait, des quatre facteurs mentionnés, la sécurité est celui dont les autres dépendent.

De celui-ci, Bentham écrit :

« Ce bien inestimable, indice distinctif de la civilisation, est entièrement l'ouvrage des lois. Sans lois, point de sûreté : par conséquent point d'abondance, ni même de subsistance certaine. Et la seule égalité qui puisse exister en cet état, c'est l'égalité de malheur[65]. »

L'utilité sociale de la sanction préventive

Par ailleurs, entre l'idéal d'une société où tous pourraient jouir pleinement de ces quatre conditions et la réalité de nos sociétés dans lesquelles bien souvent l'intérêt des particuliers nuit à l'utilité publique, Bentham s'en remet à quelque chose de beaucoup plus concret : la sanction juridique[66]. Pour lui, un bon gouvernement est celui qui conduit les hommes à accomplir leur devoir par peur d'être puni (emprisonnement, amende, etc.) – accomplir son devoir étant compris comme la façon de contribuer au bien-être général. En d'autres termes, la menace de représailles sert à ce que les hommes finissent par trouver

---

[65] JEREMY BENTHAM. *Traités de législation civile et pénale*. Dans *Œuvres* (tome 1, p. 56). Darmstadt, Scientia Verlag Aalen, 1969.
[66] JEREMY BENTHAM. *Déontologie ou science de la morale*. Dans *Œuvres* (tome 4, p. 28-37). Darmstadt, Scientia Verlag Aalen, 1969.

qu'il est de leur intérêt d'agir en accord avec le bien commun. En les dissuadant de recourir à des comportements considérés comme nocifs, le gouvernement fait gagner à la communauté un surplus de bonheur et lui épargne les effets négatifs des actes réprimés par la loi. En somme, un État se doit de punir un individu ou un groupe d'individus si les conséquences de leur action portent atteinte aux conditions du bonheur, à savoir la sécurité, la subsistance, l'abondance et l'égalité des citoyens. On remarquera que la conception utilitariste de l'État comme seul détenteur de la force n'est pas une idée nouvelle, elle a une longue histoire. *Le Prince* (1513) de Nicolas Machiavel en fait foi. La nouveauté de l'utilitarisme sera de proposer le principe d'utilité comme étalon de mesure pour déterminer la nature de la sanction. Jusqu'à Bentham, le système pénal anglais repose sur une conception rétributive, selon laquelle tout crime doit être réparé par un châtiment.

Nicolas Machiavel
(1469-1527)

Homme d'État au service de la seigneurie de Florence et philosophe politique, il accomplit diverses missions diplomatiques en Italie, en France et en Allemagne. Son livre le plus célèbre, *Le Prince*, élabore une nouvelle conception du pouvoir en lui appliquant la méthode de la science expérimentale afin de décrire l'activité politique telle qu'elle est et non telle qu'on l'imagine. Avec une grande perspicacité, il montre combien l'usage de la force par le pouvoir politique est dans les faits souvent plus efficace que la morale pour assurer la paix de l'État.

Nicolas Machiavel par Santi di Tito, Palazzo Vecchio, Florence (deuxième moitié du XVIᵉ siècle).

Parmi ses écrits, soulignons : *L'Art de la guerre* (1521) ; *Le Prince* (rédigé en 1513, publié en 1532).

L'utilitarisme va transformer radicalement cette manière de concevoir le rapport entre le délit et la peine en introduisant la notion de châtiment préventif : la sanction n'est plus envisagée comme le dédommagement des actes passés, mais comme un moyen qui permet d'éviter un futur comportement indésirable au regard du bonheur général.

À ce sujet, Bentham écrit :

« La prévention générale est le but principal des peines ; c'est aussi leur raison justificative. À ne considérer le délit passé que comme un fait isolé qui ne peut plus revenir, la peine serait une pure perte ; elle ne ferait qu'ajouter un mal à un autre : mais quand on considère qu'un délit impuni laisserait la carrière libre, non seulement au délinquant, mais encore à tous ceux qui auraient les mêmes motifs et les mêmes occasions pour s'y livrer, on sent que la peine appliquée à un individu devient la sauvegarde universelle. La peine, moyen vil en lui-même, qui répugne à tous les sentiments généreux, s'élève au premier rang des services publics quand on l'envisage, non comme un acte de colère ou de vengeance contre un coupable ou un infortuné qui cède à des penchants funestes, mais comme un sacrifice indispensable pour le salut commun[67]. »

Ce changement contribua beaucoup à transformer les attitudes traditionnelles à l'endroit de comportements jugés malfaisants, et à revoir ce qui devait tomber sous le coup de la loi. Par exemple, à l'époque de Bentham, la loi punissait certaines pratiques comme l'homosexualité et l'athéisme, alors que l'esclavage était légal.

---

[67] JEREMY BENTHAM. *Théorie des peines et des récompenses*. Dans *Œuvres* (tome 2, p. 4-5). Darmstadt, Scientia Verlag Aalen, 1969.

De plus, il ne suffit pas d'être assuré des retombées regrettables d'un comportement sur le bonheur collectif pour s'autoriser à punir. Encore faut-il que la sanction contribue réellement à améliorer la situation, non à l'aggraver. L'exemple classique est celui de l'interdiction de la vente d'alcool dans les années 1930 aux États-Unis, qui eut l'effet inverse de celui souhaité par la loi, en plus de nuire à la santé publique par les risques liés à la consommation d'alcool frelaté, sans compter qu'elle a permis à des organisations criminelles d'accroître leur emprise[68]. Et c'est là que le calcul de l'utilité trouve sa véritable application; il permet au pouvoir judiciaire de décider de la nécessité ou non de sanctions par une analyse de ses conséquences effectuée à l'aide de critères objectifs, tels que l'intensité du châtiment, sa durée, sa fécondité, etc., au lieu de se laisser guider par les préjugés ambiants qui, trop souvent, font obstacle au bonheur des hommes.

L'importance de l'éducation et de la culture

L'usage légal de la sanction n'est toutefois pas le seul moyen dont dispose l'État pour veiller au bonheur collectif. L'utilitarisme estime qu'il doit accorder un intérêt particulier à l'éducation, car elle permet, comme le mentionne Mill dans l'extrait suivant, d'amener les hommes à «un degré de culture» qui les fera sortir de leur «misérable individualité» et éveillera en eux les dispositions et les sentiments qui favorisent le bonheur commun. L'école représente un des instruments les plus efficaces mis à la disposition de l'État pour affirmer le respect de la liberté d'autrui. Il existe de nos jours d'autres

---

[68] Francisco Vergara. *John Stuart Mill: entre mythes et réalité*. Dans *John Stuart Mill: La Nature* (p. 27). Paris, Éditions La Découverte, 2003.

moyens, comme les campagnes d'information, qui dénoncent les comportements ou les habitudes sociales nuisant au bien commun ; la publicité contre le harcèlement et le tabagisme en est un bon exemple.

« Or, un degré de culture qui permettrait de porter un intérêt intelligent à ces objets de méditation pourrait être l'héritage de tout être né dans un pays civilisé : il n'y a absolument rien dans la nature des choses qui s'y oppose. Ce n'est pas non plus une nécessité naturelle qu'un être humain soit un égoïste fieffé, dépourvu de toute préoccupation et de tout sentiment qui ne soient pas orientés vers sa misérable individualité. Même de nos jours, il arrive que l'humanité s'élève bien au-dessus de ce niveau, et assez fréquemment pour que nous ayons le gage certain de ce qu'elle peut devenir. Tout être humain convenablement élevé est capable, à différents degrés cependant, d'affections privées sincères et d'un réel attachement au bien public. Dans un monde où l'on trouve tant de choses intéressantes, tant de choses agréables, et tant de choses aussi à corriger et à améliorer, tout homme, à condition qu'il réunisse, à un degré moyen, ces conditions morales et intellectuelles, peut mener une existence qu'il est permis d'appeler enviable ; et, à moins qu'un tel homme, par l'effet de mauvaises lois, parce qu'il est soumis au bon plaisir d'autres hommes, se voie refuser la liberté de puiser aux sources de bonheur qui seraient à sa portée, cette existence enviable ne peut manquer de lui être réservée, s'il échappe aux malheurs accablants de la vie, aux principales sources de souffrances physiques et morales : la misère, par exemple, ou la maladie, et aussi la dureté, l'indignité ou la disparition prématurée de ceux qu'il aime.

Le nœud du problème, c'est la lutte contre ces fléaux auxquels on a rarement la bonne fortune d'échapper entièrement, que l'on ne peut pas prévenir, et souvent que l'on ne peut pas atténuer beaucoup, dans l'état actuel des choses. Et cependant, parmi les gens dont l'opinion mérite un moment de considération, il n'est personne qui puisse en douter : la plupart des malheurs accablants de la vie humaine sont, en eux-mêmes, évitables, et si, dans les affaires de l'humanité, le progrès continue, ils seront finalement contenus dans d'étroites limites.

La pauvreté, qui engendre la souffrance, en quelque sens qu'on l'entende, pourrait être entièrement supprimée par la sagesse de la société, unie au bon sens et à la prévoyance des individus. La malfaisance du plus intraitable même de nos ennemis — la maladie — pourrait être réduite en étendue jusqu'à l'infini par une bonne éducation physique et morale et par un contrôle approprié des influences pernicieuses ; et le progrès de la science nous permet pour l'avenir des victoires encore plus directes sur ce détestable adversaire. Toute avance réalisée dans cette direction écarte de nous quelques-uns des accidents qui abrègent brusquement notre propre existence, ou, ce qui nous importe encore davantage, nous enlèvent les êtres sur lesquels nous avions fondé notre bonheur.

Quant aux vicissitudes de la fortune et aux autres déceptions liées à des circonstances extérieures, elles sont dues surtout à de graves imprudences, à des désirs mal réglés, ou encore à des institutions sociales mauvaises ou imparfaites. Bref, toutes les grandes causes de souffrances humaines pourraient être dans une large mesure, et, pour beaucoup d'entre elles, presque entièrement, maîtrisées par les soins et l'effort humains. Assurément, le progrès dans ce sens est cruellement lent ; assurément, une longue suite de générations périront sur la brèche avant que la victoire soit complète et que ce monde soit ce qu'il pourrait si facilement devenir si la volonté et le savoir ne faisaient pas défaut ; n'importe : l'homme assez intelligent et assez généreux pour prendre une part — si modeste et si obscure soit-elle — dans cet effort, trouvera une noble jouissance dans cette lutte même ; et il ne consentirait pas à l'abandonner pour céder à la séduction des satisfactions égoïstes[69]. »

---

[69] JOHN STUART MILL. *L'Utilitarisme* (1861) (collection «Champs», chapitre II, p. 62-64). Paris, 1988 © Flammarion.

Questions sur le texte

1. Quels sont « ces fléaux » qui empêchent généralement les hommes d'éprouver d'autre bonheur que celui des satisfactions égoïstes ?

2. En quoi l'éducation permet-elle de nous élever au-dessus de nous-mêmes ?

3. Repérez la conclusion de ce paragraphe et expliquez-la.

Question de compréhension

En vous inspirant de l'actualité, trouvez, dans le domaine juridique, des exemples de jugement qui, selon vous, témoignent d'une attitude préventive, et non punitive, à l'endroit des contrevenants.

DU BONHEUR COLLECTIF À LA LIBERTÉ INDIVIDUELLE

La difficile cohabitation de la loi et de la liberté

Comme nous venons de le voir, le rôle de l'État consiste pour l'essentiel à déterminer le degré de punition nécessaire à la promotion de l'utilité publique en infligeant une peine suffisante pour dissuader les individus de certains comportements indésirables. On peut alors se demander si la position défendue par l'utilitarisme pour garantir le bonheur collectif ne porte pas atteinte à la liberté des individus. S'inscrivant dans une tradition qui remonte à Thomas Hobbes, Bentham lui-même soutient que, par définition, « [...] toute loi est contraire à la liberté [...].[70] » La liberté n'est ni plus ni moins que l'absence de coer-

---

[70] JEREMY BENTHAM. *Traités de législation civile et pénale*. Dans *Œuvres* (tome 1, p. 56). Darmstadt, Scientia Verlag Aalen, 1969.

cition ou d'ingérence. Autrement dit, la liberté comme absence de coercition ou d'ingérence n'a d'existence que là où s'éclipse la loi. Ce qui montre bien l'incompatibilité entre loi et liberté. Toutefois, pense Bentham, il faut nécessairement, au nom du bonheur du plus grand nombre, accepter un minimum de coercition par la loi. « Les retranchements de libertés sont inévitables. Il est impossible de créer des droits, d'imposer des obligations, de protéger la personne, la vie, la réputation, la propriété, la subsistance, la liberté même, si ce n'est aux dépens de la liberté[71]. » Notre liberté dépend donc des garanties de sécurité que les lois offrent quant à la protection de la personne

Thomas Hobbes
(1588-1679)

Hobbes est un de grands penseurs politiques. Selon lui, la société ne doit nullement son origine à un instinct qui ferait tendre les hommes à s'unir entre eux. Bien au contraire, la recherche égoïste de l'intérêt individuel est à ce point intense que, dira-t-il, « l'homme est un loup pour l'homme ». Mais comme personne ne souhaite vivre en se sentant constamment menacé, les hommes préfèrent remettre leur

Thomas Hobbes, portrait par John Michael Wright, National Portrait Gallery, Londres (XVIIe siècle).

droit à se gouverner eux-mêmes entre les mains d'un tiers, un souverain absolu qui, par un usage judicieux de la force et des lois, saura mettre un terme à la guerre perpétuelle de tous contre tous. Tel est pour Hobbes le fondement de la légitimité de l'État moderne.

Parmi ses écrits, soulignons : *Éléments du droit naturel et politique* (1640) ; *Du Citoyen* (1642) ; *Léviathan* (1651).

---

[71] JEREMY BENTHAM. *Traités de législation civile et pénale*. Dans *Œuvres* (tome 1, p. 55). Darmstadt, Scientia Verlag Aalen, 1969.

La liberté des Anciens et la liberté des Modernes

Benjamin Constant
(1767-1830)

Demandez-vous, d'abord, [...] ce que de nos jours un Anglais, un Français, un habitant des États-Unis de l'Amérique, entendent par le mot liberté ? C'est pour chacun le droit de n'être soumis qu'aux lois, de ne pouvoir ni être arrêté, ni détenu, ni mis à mort, ni maltraité, par l'effet de la volonté arbitraire d'un ou de plusieurs individus. [...] Comparez maintenant à cette liberté celle des Anciens. Celle-ci consistait à exercer collectivement, mais directement, plusieurs parties de la souveraineté tout entière, à délibérer, sur la place publique, de la guerre et de la paix, à conclure avec les étrangers des traités d'alliance, à voter des lois, à prononcer des jugements, à examiner les comptes, les actes, la gestion des magistrats, à les faire comparaître devant tout un peuple. [...] Le but des Anciens était le partage du pouvoir social entre tous les citoyens d'une même patrie. C'était là ce qu'ils nommaient liberté. Le but des Modernes est la sécurité dans la jouissance privée ; et ils nomment liberté les garanties accordées par les institutions à ces jouissances. [...] Le danger de la liberté antique était qu'attentifs uniquement à s'assurer le partage du pouvoir social, les hommes ne fissent trop bon marché des droits et des jouissances individuelles. Le danger de la liberté moderne, c'est qu'absorbés dans la jouissance de notre indépendance privée, et dans la poursuite de nos intérêts particuliers, nous ne renoncions trop facilement à notre droit de partage dans le pouvoir politique.

BENJAMIN CONSTANT. « De la liberté des Anciens comparée à celle des Modernes ». Dans *Écrits politiques* (collection « Folio Essais », p. 593-594, 603, 616). Paris, Gallimard, 1997.

et de ses biens contre les empiétements possibles non seulement de son prochain, mais aussi de l'État. Ainsi, en interdisant à quiconque de s'immiscer dans les affaires d'autrui, la loi fournit du même coup à chacun la garantie de protection dont il a besoin. Et en acceptant de ne pas faire ce que les lois nous interdisent, nous devenons libres de rechercher notre propre bonheur par les moyens légaux mis en place par l'État. Ce qui nous ramène à ce que disait Bentham : nous n'avons finalement de liberté, entendue comme « absence de contrainte », que dans les domaines où la loi n'intervient pas.

On peut dire que la position défendue par Bentham se rapproche d'une conception négative de la liberté. Reprenons la distinction d'usage en philosophie politique entre la « liberté négative ou liberté des Modernes », et la « liberté positive ou liberté des Anciens ». La liberté négative laisse à l'individu le droit de faire tout ce que les lois et les institutions ne défendent pas. À l'inverse, la liberté positive présuppose un sujet autonome et éclairé, capable de participer activement aux affaires de la collectivité.

Cette conception négative de la liberté n'est-elle pas trop réductrice et simpliste par rapport à la position kantienne ? Que fait l'utilitarisme de l'autonomie du sujet, de la capacité, suivant Kant, à se déterminer en se dictant à lui-même ses propres lois ? Ce qu'il faut bien comprendre, ici, c'est que le bonheur de la communauté compte avant tout autre chose, et que la liberté n'est dans ces conditions qu'un élément du bonheur. En fait, la liberté défendue par Bentham est celle qui est la plus utile pour le plus grand nombre.

Par ailleurs, si nous acceptons de limiter ainsi notre liberté, c'est à la seule condition que la somme des peines que nous nous infligeons ne dépasse pas la somme des plaisirs que nous obtenons en procédant de la sorte. En somme, être libre ne correspond pas à la capacité pour un individu de faire ce qu'il veut, mais de pouvoir mener sa vie comme bon lui semble dans le respect des autres libertés. Voici ce qu'en écrit Mill :

> « Les règles morales qui interdisent aux hommes de se nuire les uns les autres (et n'oublions jamais d'y inclure l'empiétement immoral de la liberté individuelle sur celle d'autrui) sont d'un intérêt plus vital pour le bien-être humain que les maximes, si importantes qu'elles puissent être, qui indiquent seulement la meilleure façon d'administrer quelque branche des affaires humaines. Elles ont aussi ce caractère particulier d'être l'élément essentiel qui donne une forme déterminée à l'ensemble des sentiments sociaux de l'humanité. C'est par leur observation seule que la paix se maintient entre les êtres humains : si l'obéissance à ces lois n'était pas la règle, et la désobéissance l'exception, chaque individu verrait dans chaque autre un ennemi, contre lequel il devrait se mettre perpétuellement en garde. Et, ce qui est à peine moins important, ces préceptes sont ceux que les hommes ont les motifs les plus forts et les plus directs de vouloir s'inculquer réciproquement. Par de simples exhortations ou de simples conseils réciproques de prudence, ils peuvent en effet ne rien gagner – du moins le croient-ils ; l'intérêt qu'ils ont à s'inculquer les uns aux autres le devoir de bienfaisance positive est incontestable, mais bien moindre, car il se peut que nous n'ayons pas besoin des bienfaits des autres. Mais nous avons toujours besoin qu'ils ne nous nuisent pas.
>
> Ainsi les règles morales qui préservent chaque individu du mal que pourraient lui faire les autres, soit directement soit en l'empêchant de poursuivre librement son propre avantage, sont celles qui lui tiennent le plus à cœur et en même temps celles auxquelles il a le plus grand intérêt à donner cours et crédit par la parole et l'action. C'est à sa façon d'observer ces règles qu'on peut juger et décider de l'aptitude d'une personne à faire partie de la communauté des êtres humains ; car cela dépend qu'elle soit ou non un fléau pour ceux avec qui elle est en contact. Or, ce sont ces règles-là qui

sont à la base des devoirs de justice. Ainsi, les cas d'injustice les plus saillants et ceux qui provoquent avec le plus d'intensité l'impression de répugnance caractéristique du sentiment de l'injustice, sont les actes d'agression injustifiés, ou l'abus de pouvoir sur autrui ; ensuite viennent les actes qui consistent dans le refus arbitraire de remettre à quelqu'un ce qui lui est dû ; dans les deux cas, on cause à une personne un dommage positif, soit qu'on lui inflige directement une souffrance, soit qu'on la prive de quelque avantage sur lequel elle avait un motif raisonnable, d'ordre physique ou social, de compter[72]. 〉〉

Questions sur le texte

1. Pourquoi les règles morales interdisant aux hommes de se nuire mutuellement sont-elles « d'un intérêt plus vital pour le bien-être humain que les maximes » ? Cet extrait est-il une critique de Kant ?

2. « C'est à sa façon d'observer ces règles qu'on peut juger et décider de l'aptitude d'une personne à faire partie de la communauté des êtres humains. » Commentez ce passage.

3. Décrivez les deux formes d'acte qui déclenchent chez les hommes un sentiment d'injustice.

Question de compréhension

La conception de la liberté des Anciens selon Benjamin Constant s'applique-t-elle encore aujourd'hui ?

---

[72] JOHN STUART MILL. *L'Utilitarisme* (1861) (collection «Champs», chapitre V, p. 148-150). Paris, 1988 © Flammarion.

La vie privée : un gain pour le bonheur collectif

Cela dit, l'optimisation de la vie personnelle contribue indéniablement au bien collectif. Pour les utilitaristes, et plus particulièrement Mill, la société modèle n'est pas celle où règne l'uniformité des comportements et des styles de vie. L'originalité, l'extravagance et le non-conformisme profitent tout autant au bonheur commun. La liberté de parole, d'association et de presse, par exemple, favorise l'épanouissement des sentiments sociaux et des « plaisirs supérieurs » nécessaires à la tolérance et au respect des autres. Voilà pourquoi l'État doit limiter ses interventions au minimum en ce qui concerne la vie privée (habitudes sexuelles, opinions, croyances religieuses, etc.). Un État moderne doit laisser chacun libre de décider par lui-même ce qui le rendra heureux, sauf si ses actions mettent en danger la liberté ou la sécurité ou le bonheur des autres. Comme l'écrit Bentham :

> « Laissez aux individus la plus grande latitude possible dans tous les cas où ils ne peuvent nuire qu'à eux-mêmes ; car ils sont les meilleurs juges de leurs intérêts. S'ils se trompent, dès qu'ils sentiront leur méprise, il est à présumer qu'ils n'y persisteront pas. Ne faites intervenir la puissance des lois que pour les empêcher de se nuire entre eux. C'est là qu'elles sont nécessaires ; c'est là que l'application des peines est vraiment utile, parce que la rigueur exercée sur un seul devient la sûreté de tous[73]. »

---

[73] JEREMY BENTHAM. *Traités de législation civile et pénale*. Dans *Œuvres* (tome 1, p. 38). Darmstadt, Scientia Verlag Aalen, 1969.

À titre d'illustration, l'État n'a pas à interdire de manger, disons, des branches de sapin si on croit aux vertus de ce régime alimentaire; en revanche, il se doit d'empêcher qu'on vende des branches de sapin en les présentant comme un remède miracle propre à garder quiconque en bonne santé. De même, il ne lui revient pas de réglementer les pratiques sexuelles entre adultes consentants; par contre, il se doit d'interdire la pédophilie au nom de la protection des mineurs. Bref, si un individu ne cause de mal à personne, l'État n'a pas à juger ce qu'il fait et encore moins à intervenir dans sa vie privée.

Avant de terminer, rappelons que les idées de Bentham ont beaucoup aidé au développement du socialisme britannique. Bentham lui-même a travaillé à de nombreux projets de réforme sociale en vue, par exemple, d'améliorer le système des prisons, de rendre l'éducation accessible au plus grand nombre, de lutter contre la pauvreté en proposant de modifier les lois sur la fiscalité; il a élaboré des règlements visant à étendre le suffrage aux femmes, malgré les préjugés de son époque. Pour sa part, Mill poursuivra l'attitude réformiste de Bentham.

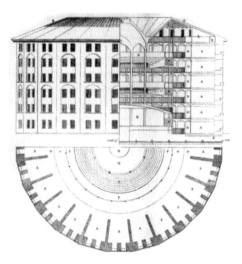

Le Panopticon
Maquette de prison réalisée par Bentham en vue de réformer le système carcéral de l'Angleterre.

Suffragettes à New-York, le 6 mai 1912.

Il présentera au Parlement britannique, en 1866, la première pétition exigeant le droit de vote des femmes. Trois ans plus tard, en 1869, il publiera un livre intitulé *De l'assujettissement des femmes*, qui représente un moment important de l'histoire de l'égalité des sexes dans le monde occidental. En somme, les utilitaristes ont défendu en politique des idées qui s'apparentent à une idéologie sociale de gauche, et la démocratie représentative est sans contredit le régime politique qui s'accorde le mieux avec leur théorie générale.

En 1893, la Nouvelle-Zélande fut le premier pays à accorder le droit de vote aux femmes. Au Québec, les femmes l'obtiennent en 1940. Ce n'est toutefois qu'en 1964, avec le projet de loi 16 du Québec, que l'on consentit aux femmes mariées des droits juridiques. Jusqu'à cette date, le mari pouvait disposer librement des biens et du salaire de son épouse.

LES DROITS DE L'HOMME ET L'UTILITARISME

En proposant le bonheur de la communauté comme critère suprême de la moralité, l'utilitarisme se distingue également de la doctrine de Kant par sa critique des droits de l'homme (dits, à leur époque, «droits naturels»). Les droits de l'homme concernent l'être humain non seulement en tant que citoyen, mais aussi en tant qu'homme. Leur exigence est universelle, c'est-à-dire que, transcendant les coutumes et les lois, ils visent à garantir les conditions faisant de l'individu une fin en soi. Ils sont pensés comme émanant de la nature même de l'être humain et indépendants de toute règle édictée par l'autorité politique.

De nos jours, ils servent habituellement de fondement éthique pour justifier ou condamner l'arbitraire des décisions étatiques et pour juger de la valeur des lois écrites qui régissent la vie dans un pays donné. En cela, les droits de l'homme s'imposent comme des règles fondamentales permettant de soumettre le droit établi (ou droit positif) à une appréciation morale au nom de la valeur accordée à l'être humain.

Droit naturel et droit positif

Le domaine du droit concerne l'ensemble des règles qui déterminent l'action des hommes en société. Il incarne la dimension concrète de la justice. Cependant, comme ces règles varient en règle générale d'une société à l'autre, elles s'exposent en principe à l'arbitraire des hommes. C'est pour remédier à cette difficulté que la philosophie distingue entre le « droit positif », produit par les différents systèmes juridiques des sociétés, et le « droit naturel », norme universelle, inaliénable et fondamentale qui transcende le droit en vigueur dans une société donnée.

Pour en savoir plus : Blandine Barret-Kriegel, *Les droits de l'homme et le droit universel*, Paris, Presses Universitaires de France, collection « Quadrige », 1989.

Petit historique des droits de l'homme

La première formulation des droits de l'homme remonte au XVIIIe siècle avec le *Virginian Bill* of *Rights* ou déclaration d'indépendance des États-Unis (1776), suivi en France par la *Déclaration des droits de l'homme et du citoyen* (1789). Au XXe siècle, l'idée des droits de l'homme a refait surface après la Seconde Guerre mondiale avec la *Déclaration universelle des droits de l'homme de l'ONU* (1948). Depuis, plusieurs pays se sont dotés de chartes des droits et libertés pour amener tous les États à respecter l'inviolabilité, la vie et la dignité de la personne humaine reconnues par la déclaration de l'ONU. Il en est ainsi au Canada avec la *Charte canadienne des droits et liberté* (1982), mais aussi au Québec, en 1975, avec la *Charte québécoise des droits et libertés de la personne*.

Les premiers droits fondamentaux défendus et enchâssés dans les déclarations furent les droits politiques garantissant au citoyen certaines prérogatives par rapport au pouvoir de l'État et protégeant sa vie privée contre les ingérences policières et administratives, mais aussi contre la violence des autres : droit à la vie, droit à la liberté (d'expression, d'association, de religion, de commerce, etc.), droit à la propriété et droit à la recherche du bonheur. À ces droits politiques sont venus s'ajouter au XXe siècle d'autres droits répondant aux problèmes économiques et sociaux des sociétés industrielles avancées. Suivant ces « droits socioéconomiques », l'État n'a pas seulement l'obligation de respecter l'intégrité du citoyen en sa qualité d'être humain, mais aussi le devoir de contribuer à son épanouissement social et économique. On parle alors de droit à la santé, à l'éducation, à la subsistance (assurance emploi, aide sociale, revenu minimum, etc.). Cependant, les droits socioéconomiques n'ont pas la même portée que les droits politiques. Les facteurs économiques dont ils dépendent, par exemple la quantité de richesse disponible pour un État, rendent leur application plus difficile. Pour parler le langage de Kant, les droits socioéconomiques sont des devoirs larges, les droits politiques étant des devoirs stricts.

Pour en savoir plus : Jeanne Hersch (dir.), *Le droit d'être un homme. Anthologie des Droits de l'homme*, Paris, Unesco/Lattès, 1968 ; Jacques Mourgeon, *Les droits de l'homme*, Paris, Presses Universitaires de France, collection « Que sais-je ? », 1978, no 1728 ; Catherine Rigollet, *Les Droits de l'homme : un combat pour la liberté*, Paris, Hachette, 1997.

Voyons ce qu'écrit Bentham au sujet du premier article de la *Déclaration française des droits de l'homme et du citoyen* de 1789, article selon lequel «les hommes naissent et demeurent libres et égaux en droit»:

« *Tous les hommes naissent libres.* Ce début renferme une fausseté palpable. Observez les faits. Tous les hommes naissent dans un état de sujétion et même la sujétion la plus absolue. L'enfant est dans une dépendance continuelle par sa faiblesse et par ses besoins. Il ne peut vivre que par le secours d'autrui. Il doit être gouverné pendant un grand nombre d'années, et la plupart des lois ne l'émancipent que lorsqu'il a parcouru plus du quart de la plus longue vie, selon les probabilités communes.

Tous les hommes demeurent libres. Si cette liberté s'entend de l'état sauvage, de l'état de nature, des hommes errants dans les forêts, cette proposition peut être vraie; mais où est son utilité par rapport à nous? Les hommes actuels, les hommes qui naissent sous un gouvernement, sont tous par le fait assujettis à des lois, bonnes ou mauvaises. Ces mêmes législateurs qui déclarent solennellement que tous les hommes demeurent libres, ne cessent de gémir sur la servitude héréditaire de la plupart des nations.

[…] Voilà le langage subtil auquel on a recours quand on veut nier ce qui est, quand on est embarrassé par des faits notoires, quand on a contre soi l'évidence de la vérité. Les lois de la nature sur lesquelles chacun raisonne à sa fantaisie, ne sont que des lois imaginaires; celui qui les allègue ne fait autre chose qu'alléguer sa volonté particulière, et veut substituer une fiction à la réalité[74]. »

---

[74] JEREMY BENTHAM. *Traités des sophismes anarchiques.* Dans *Œuvres* (tome 1, p. 553-554). Darmstadt, Scientia Verlag Aalen, 1969.

Quant à John Stuart Mill, il écrit dans *L'Utilitarisme* :

« Avoir un droit, c'est donc, selon moi, avoir quelque chose dont la société doit me garantir la possession. Si quelque contradicteur insiste et demande pourquoi elle le doit, je ne puis lui en donner d'autre raison que l'utilité générale[75]. »

Pour l'utilitarisme, les droits de l'homme sont des « entités fictives », produites par la « magie » du langage, car les droits ne sont pas des choses réelles. Il est illusoire de prétendre que l'homme a par nature des droits, il n'y a rien dans la nature qui renvoie à quoi que ce soit qui s'appelle droit. En réalité, le droit est une création juridique, il est le résultat de conventions humaines (ou droit positif existant). En d'autres termes, ce n'est pas parce que nous naissons avec des droits inaliénables, inhérents en quelque sorte à notre nature, que les gouvernements ont été constitués, mais parce que justement nous en sommes privés au départ et qu'il nous est apparu souhaitable de les posséder. La société semble alors le meilleur moyen de les obtenir. Que de tels droits soient, par contre, indispensables au bonheur, les utilitaristes n'ont aucun mal à l'admettre puisque, partant du principe qu'il n'y a de droits que là où il y a des lois, ils considèrent que la loi, de par les garanties civiles et politiques qu'elle offre, est un meilleur moyen que les droits de l'homme pour nous défendre. On aura compris que, si la loi a plus à offrir pour notre protection que les droits, c'est uniquement à cause du caractère coercitif et contraignant de la loi : seule la loi oblige. Ce qui fait qu'un droit tel que celui de l'égalité entre les hommes est respecté

---

[75] JOHN STUART MILL. *L'Utilitarisme* (1861) (collection « Champs », chapitre V, p. 139). Paris, 1988 © Flammarion.

dépend principalement, sinon exclusivement, de cette force d'obligation de la loi. En somme, lorsque nous disons que nous avons, en tant qu'êtres humains, des droits inaliénables, nous voulons simplement dire que l'État devrait pouvoir nous les accorder en raison de l'utilité que nous leur reconnaissons pour la recherche du bonheur.

Washington et La Fayette à Valley Forge, par John Ward Dunsmore (1909). Les deux grandes révolutions qui ont eu lieu à l'époque de Bentham, celle des Américains (1787) et celle des Français (1789), se sont réclamées des droits de l'homme pour justifier le renversement du pouvoir établi. Issu de la noblesse, le Marquis de La Fayette, fervent défenseur de la liberté, participera aux deux révolutions. On le voit ici en 1778 avec George Washington, chef d'État major de l'armée continentale et futur président des États-unis.

ÉLÉMENTS DE CRITIQUE

Le calcul de l'utilité : pour qui ? pour combien ?

Un des problèmes soulevés par l'utilitarisme touche la quantité des personnes concernées par le bonheur du plus grand nombre. Que faut-il entendre par « plus grand nombre » ? Est-ce le groupe de gens avec lequel nous sommes en rapport ou celui devant qui nous sommes responsables – notre famille, nos amis, mais aussi et principalement notre pays et, pourquoi pas, tous les humains ? Jusqu'où doit aller l'évaluation des conséquences de nos comportements sur autrui ? Peut-on se satisfaire de prendre uniquement en considération ceux qui sont directement affectés par les suites de nos actions ou faut-il tenir compte des générations futures ? Au nom du bien commun, est-il moral, par exemple, d'exploiter des ressources naturelles non renouvelables sans se préoccuper davantage des effets à long terme ? Il en va de même pour tout ce qui concerne le développement urbain, l'utilisation de l'énergie nucléaire, la surconsommation dans les sociétés industrielles, etc. À toutes ces interrogations, l'approche contextuelle propre à l'utilitarisme l'empêche de fournir une réponse catégorique et univoque.

Une conception aristocratique du sujet humain

On peut également se demander si l'utilitarisme n'exige pas trop du sujet humain. En effet, seul un sujet pleinement rationnel et hautement compétent peut véritablement répondre aux attentes et aux exigences du calcul des conséquences d'une action. Si donc celui qui a en main l'estimation du degré de bonheur n'est pas n'importe qui, mais quelqu'un de qualifié, que devient alors le principe d'égalité défendu par l'utilitarisme et selon lequel aucun individu n'a plus de poids qu'un autre ? Ne faut-il pas admettre que la teneur égalitariste de cette doctrine s'en trouve grandement ébranlée ?

Le risque d'une dérive technocratique du politique

Une autre importante difficulté de l'utilitarisme a trait à la figure du législateur. Nous avons vu que la démocratie parlementaire est de loin le régime politique qui correspond le mieux à l'idée maîtresse de cette théorie. Cela ne veut pas dire, cependant, que la doctrine de Bentham soit celle qui convient le mieux à l'esprit de la démocratie. Quelle forme, par exemple, prendrait l'exercice du pouvoir si les dirigeants étaient tous des calculateurs, des techniciens du social ? Si l'on admet que le législateur est celui qui sait le mieux ce qui est utile et ce qui ne l'est pas, ne risque-t-on pas de rendre superflue la participation des citoyens à l'exercice du pouvoir ? En somme, ce qui inquiète dans la conception utilitariste du pouvoir politique, vu comme une science du calcul des intérêts de la nation, c'est sa tendance à réserver son exercice à des experts et, par la même occasion, à réduire le citoyen au silence. Il est à remarquer que cette dérive possible de la démocratie vers une tyrannie technocratique est particulièrement redoutable lorsque, précisément, le législateur parvient à assurer sécurité, confort et aisance matérielle aux gouvernés.

L'utilitarisme économique

En comparaison avec l'éthique kantienne, l'utilitarisme semble davantage se prêter à une interprétation mercantile de l'art du « bien vivre ». Serait-ce que la liberté (au sens de Kant) ne se monnaye pas aussi facilement que les ingrédients du bonheur collectif ? Un des dangers qui guettent en effet l'utilitarisme est la possible réduction du calcul de l'utilité à sa valeur marchande, entraînant une maximisation des processus économiques les plus aptes à assurer le bien-être général. Ce risque est d'autant plus probable qu'on sait l'importance accordée à l'économie par les sociétés industrialisées depuis au moins la Seconde Guerre mondiale. L'état d'esprit actuel veut que la production des richesses soit un des éléments les plus susceptibles de promouvoir le bonheur collectif. On peut cependant se questionner sur la valeur d'un bonheur ainsi évalué en argent. Il est vrai que Bentham est souvent tenté d'utiliser la monnaie comme mesure du plaisir associée à une action. Mais il considère que cette manière d'envisager le calcul du bonheur n'est pas toujours possible et que, surtout, elle ne donne aucune garantie sur l'utilité publique d'un plaisir coûteux pour le bonheur général ; il peut même lui nuire. En somme, si la prospérité économique représente sans contredit un critère raisonné et cohérent pour le choix des actions et des individus et des gouvernements, les utilitaristes, et particulièrement Mill, restent néanmoins critiques vis-à-vis d'une organisation sociale régie par des motifs strictement économiques. Dans le calcul de l'utilité, l'argent est un moyen certes important et dont il faut tenir compte, mais il n'est pas le seul. Sur ce point, lisez ce très beau passage de Mill, tiré de ses *Principes d'économie politique* :

« J'avoue que je ne suis pas enchanté de l'idéal de vie que nous présentent ceux qui croient que l'état normal de l'homme est de lutter sans fin pour se tirer d'affaire, que cette mêlée où l'on se foule aux pieds, où l'on se coudoie, où l'on s'écrase, où l'on se marche sur les talons et qui est le type de la société actuelle, soit la destinée la plus désirable pour l'humanité, au lieu d'être simplement une des phases désagréables du progrès industriel. […]

Cependant [aux États-Unis, où il y a beaucoup de richesses] bien qu'il y ait des signes d'une tendance meilleure, le résultat de tant d'avantages c'est que la vie de tout un sexe est employée à courir après le dollar, et la vie de l'autre à élever des chasseurs de dollars. Ce n'est pas une imperfection sociale dont la réalisation puisse devenir le but des philanthropes à venir. Il est très concevable que tant de richesse est puissance et que l'ambition de chacun est de devenir aussi riche que possible, le chemin de la fortune soit également ouvert à tous, sans faveur ni partialité. Mais le meilleur état pour la nature humaine est celui dans lequel personne n'est riche, personne n'aspire à devenir plus riche et ne craint d'être renversé en arrière par les efforts que font les autres pour se précipiter en avant.

Que l'énergie de l'humanité soit appliquée à la conquête des richesses, comme elle était appliquée autrefois aux conquêtes de la guerre, en attendant que les esprits plus élevés donnent aux autres une éducation plus élevée, cela vaut mieux que si l'activité humaine se rouillait en quelque sorte et restait stagnante. Tant que les esprits sont grossiers, il leur faut des stimulants grossiers : qu'ils les aient donc. Cependant ceux qui ne considèrent pas cette jeunesse du progrès humain comme un type définitif seront excusables peut-être de rester indifférents à une espèce de progrès économique dont se félicitent les politiques vulgaires : au progrès de la production et de la somme des capitaux. [...] Je ne vois pas pourquoi il y aurait lieu de se féliciter de ce que les individus, déjà plus riches qu'il n'est besoin, doublent la faculté de consommer des choses qui ne leur procurent que peu ou point de plaisir, autrement que comme signe de richesse ; ou de ce qu'un plus grand nombre d'individus passent chaque année de la classe moyenne dans la classe riche ou de la classe des riches occupés dans celles des riches oisifs. C'est seulement dans les pays arriérés que l'accroissement de la production a encore quelque importance [...][76]. 〉〉

---

[76] JOHN STUART MILL. *Principes d'économie politique, avec quelques-unes de leurs applications à l'économie sociale* (1848). (Traduit de l'anglais par MM. Hte Dussard et Courcelle Seneuil.)

La dictature de la majorité

Si l'on pense à la position kantienne, l'approche utilitariste a de quoi scandaliser. Que fait-on du respect absolu de la personne si l'on refuse de traiter la notion de droit comme un impératif catégorique ? En bons empiristes, les utilitaristes rétorquent que c'est par l'expérience, en observant ce qui fonctionne et ce qui ne fonctionne pas, que l'on découvre les ingrédients du bonheur collectif, et non en évoquant des droits. Et l'expérience montre qu'il est difficile d'imaginer une société soucieuse du bonheur du plus grand nombre où le viol, le meurtre, la torture ou encore l'emprisonnement arbitraire seraient autorisés.

Mais la question demeure entière : peut-on désavantager sciemment un individu ou un groupe au nom du bien commun escompté ? En subordonnant les droits des individus au principe d'utilité, l'utilitarisme ne justifie-t-il pas que des individus soient sacrifiés pour le plus grand bonheur du plus grand nombre ? Au nom des intérêts de la majorité, les minorités ne courent-elles pas le risque de voir le bien commun se transformer en dictature ? La réponse à ces questions n'est pas simple car si, d'un côté, cette tyrannie de la majorité est durement dénoncée par Bentham et Mill comme un danger qui guette les démocraties, de l'autre, cette idée du sacrifice vu comme un moyen possible de promouvoir le bien collectif se trouve en accord avec leurs principes. Ils admettent, en effet, qu'à titre exceptionnel, on puisse être amené à maximiser le bonheur collectif de cette manière ; par exemple, si l'obtention de renseignements par la torture permet à un État d'éviter une guerre civile, le calcul de l'utilité pourrait se prononcer en faveur d'une telle mesure. Aux yeux des utilitaristes, donc, l'inviolabilité de la personne humaine peut, à l'occasion, être l'objet d'un marchandage.

ET MAINTENANT :
« QUE DOIS-JE FAIRE » POUR ÊTRE HEUREUX ?

Application

Pour les mêmes raisons que celles mentionnées plus haut avec Kant, notre exploration de l'éthique utilitariste serait incomplète si on en restait à l'étude de ses principes. Par chance, l'éthique utilitariste est sans doute l'une des doctrines morales qui permet le plus grand nombre d'applications pratiques. Elle occupe une place importante dans les débats actuels touchant la science et la technologie, l'environnement, la bioéthique, le monde des affaires et la justice politique. Cependant, pas plus que dans le cas de l'éthique kantienne, il ne faut y voir une méthode susceptible de donner des réponses à nos problèmes moraux. Ce qu'elle nous offre, c'est un mode de raisonnement rigoureux qui invite à la réflexion philosophique et qui pousse à faire l'examen critique de nos convictions personnelles.

À vrai dire, cette approche philosophique, qui demande de maximiser le bonheur du plus grand nombre, a la réputation de mettre à mal la morale ordinaire. Pour vous familiariser avec cette manière de penser la pratique humaine appliquée à des situations spécifiques, nous proposons maintenant un ensemble de questions que l'on peut prendre soit séparément soit dans l'ordre proposé. Elles peuvent également servir de points de repère pour réviser les principaux aspects théoriques.

AGIR EN VUE D'UNE FIN HEUREUSE POUR LE PLUS
GRAND NOMBRE SUPPOSE :

- **L'énumération exhaustive des conséquences**
Quelles sont les conséquences possibles pour chacune des
actions découlant de la situation ? Toutes les personnes
touchées par le problème sont-elles prise en considération ?

- **L'évaluation des conséquences**
Selon les critères du calcul des plaisirs et des peines
(durée, intensité, certitude, proximité, étendue, fécondité,
pureté), quelles actions semblent produire plus d'avantages que d'inconvénients ? Le principe selon lequel « Chacun doit compter pour un, personne pour plus d'un » est-il
respecté ?

- **La hiérarchie des conditions de la légitimité du pouvoir politique**
L'ordre entre la sécurité, la subsistance, l'abondance et
l'égalité est-il respecté ? La sécurité, par exemple, est-elle
privilégiée sur les trois autres, tout comme la subsistance
avant les deux autres et l'abondance avant l'égalité ?

- **La prise en considération de l'histoire de l'humanité**
Le calcul de l'utilité pour une situation donnée va-t-il à
l'encontre de valeurs morales qui ont fait leur preuve par
le passé ? Si tel est le cas, la situation en question est-elle
à ce point exceptionnelle qu'elle permet de donner tort à
l'histoire des hommes ?

POUR ALLER PLUS LOIN

Peu d'ouvrages de Bentham ont été traduits en français. Ceux qui portent sur la morale remontent souvent à des traductions datant du début du XIXᵉ siècle et sont pratiquement introuvables aujourd'hui. La situation est cependant en train de changer, de nouvelles traductions ont commencé à être publiées, comme celle de Jean-Pierre Cléro, *Fragment sur le gouvernement. Le manuel des sophismes politiques* (1776), Paris, Éditions Bruylant, 1996. On consultera également avec plaisir la traduction d'un manuscrit inédit de Bentham dans lequel celui-ci s'oppose violemment à la Déclaration des droits de l'homme : *Bentham contre les droits de l'homme*, sous la direction de Bertrand Binoche et de Jean-Pierre Cléro, Paris, Presses Universitaires de France, collection «Quadrige», 2007.

Par contre, il est facile de se procurer en français les principaux textes de John Stuart Mill. En plus de L'*Utilitarisme*, nous vous recommandons les trois ouvrages suivants :

- *De la liberté* (1859)
- *De l'assujettissement des femmes* (1869)
- *Autobiographie* (1873)

Pour faciliter l'accès aux problèmes philosophiques étudiés par l'utilitarisme et avoir une vision d'ensemble de cette doctrine morale, nous vous suggérons, parmi les multiples études sur le sujet, deux ouvrages particulièrement intéressants :

- *Anthologie historique et critique de l'utilitarisme*, de Catherine Audart, Paris, Presses universitaires de France, 1998, 3 volumes. Une anthologie remarquable, des textes des principaux penseurs utilitaristes classiques et contemporains, regroupés par thème et accompagnés de préfaces fort éclairantes.
- *Utilitarisme. Le pour et le contre*, de John Jamieson Carswell Smart & Bernard Williams, Genève, Labor & Fides, 1997.

ÉPILOGUE

Nous avons voulu, dans ce livre, explorer certaines façons de penser l'action morale afin de mettre en évidence l'importance d'une réflexion sur la conduite individuelle et collective pour la valorisation de l'expérience humaine. En prenant l'exemple des éthiques kantienne et utilitariste, nous avons, en outre, cherché à montrer que les principes moraux élaborés par les philosophes, bien qu'émanant d'individus ayant leurs propres idéaux, conceptions et visions du monde, ne sont en aucune façon arbitraires. La démarche éthique est arrimée à une exigence de justification et de cohérence qui permet d'évaluer et de rendre compte des divergences entre les théories et empêche, du même coup, de croire qu'en morale n'importe quoi peut se dire ou se faire.

L'éthique n'est pas un mode d'emploi, non plus qu'un répertoire des bonnes réponses à nos problèmes moraux ou le produit d'une recherche purement théorique : c'est d'abord une pratique. Et de cette pratique, elle ne peut se passer. C'est pourquoi on ne peut jamais affirmer une fois pour toutes laquelle, de l'éthique kantienne ou de l'éthique utilitariste, est la meilleure. C'est toujours au contact de situations particulières qu'une telle comparaison est amenée à prendre tout son sens.

Enfin, étant donné la diversité des styles de vie et des conceptions du bien que connaît notre époque, ni l'éthique kantienne, ni l'éthique utilitariste, ni même aucune éthique ne peut décider à notre place. Par les questions qu'elle pose, l'éthique est, et sera toujours, une invitation à penser par soi-même et un appel lancé à tous ceux qui refusent d'abdiquer devant ce qui est.

Épictète a écrit :

> \- Mais le tyran enchaînera…
> \- Quoi ?
> \- Ta jambe.
> \- Mais il tranchera…
> \- Quoi ?
> \- Ta tête.
> \- Qu'est-ce qu'il ne peut ni enchaîner ni retrancher ?
> \- Ta volonté[76].

---

[76] ÉPICTÈTE. *Entretiens.* Dans *Les Stoïciens* (collection « La Pléiade », livre I, p. 851). Paris, 1962 © Éditions Gallimard. (Traduit par Émile Bréhier.)

BIBLIOGRAPHIE

ALQUIÉ, FERDINAND. *La morale de Kant*. Paris, Centre de documentation universitaire, 1974.

ARENDT, HANNAH. *La nature du totalitarisme* (1959). Paris, Payot, 1990. (Traduit par Michèle-Irène B. de Launay.)

ARON, RAYMOND. *Essai sur les libertés*. Paris, Calmann-Lévy, 1965.

AUDART, CATHERINE. *Anthologie historique et critique de l'utilitarisme*. Paris, Presses Universitaires de France, 1999.

AUDART, CATHERINE. *Qu'est-ce que le libéralisme ? Éthique, Politique, Société.* Paris, Gallimard, collection « Folio Essais », 2009.

AUDART, CATHERINE. «Utilitarisme», dans Canto-Sperber, Monique (dir.), *Dictionnaire d'éthique et de philosophie morale*. Paris, Presses Universitaires de France, 1996, p. 1657-1664.

BARRET-KRIEGEL, BLANDINE. *Les droits de l'homme et le droit nature*. Paris, Presses Universitaires de France, collection «Quadrige», 1989.

BEAUFORT, COLETTE JACQUES et JEAN-NOËL PASCAL. *Le XVIIIᵉ siècle en « 10/18 ».* Textes littéraires français. Paris, collection « 10/18 », 1976.

BENTHAM, JEREMY. *Code constitutionnel* (1830). Dans *The Works of Jeremy Bentham*. Edimbourg, édition de John Bowring, 1843, vol. IX.

BENTHAM, JEREMY. *Déontologie ou science de la morale* (1834). Dans *Œuvres*. Darmstadt, Scientia Verlag Aalen, tome 4, 1969. Réimpression de l'édition Bruxelles de 1834. (Traduit par P.É.L. Dumont et B. Laroche.)

BENTHAM, JEREMY. *Sophismes anarchiques* (1816). Dans *Œuvres*. Darmstadt, Scientia Verlag Aalen, tome 1, 1969. Réimpression de l'édition Bruxelles de 1829. (Traduit par P.É.L. Dumont et B. Laroche.)

BENTHAM, JEREMY. *Théorie des peines et des récompenses* (1811). Dans *Œuvres*. Darmstadt, Scientia Verlag Aalen, tome 2, 1969. Réimpression de l'édition Bruxelles de 1830. (Traduit par P.É.L. Dumont et B. Laroche.)

BENTHAM, JEREMY. *Traités de législation civile et pénale* (1802). Dans *Œuvres*. Darmstadt, Scientia Verlag Aalen, tome 1, 1969. Réimpression de l'édition Bruxelles de 1829. (Traduit par P.É.L. Dumont et B. Laroche.)

BERGSON, HENRI. *Sur le pragmatisme de Williams James* (1911). Dans *Œuvres*. Paris, Presses Universitaires de France, 1959.

BILLIER, JEAN-CASSIEN. *Kant et le kantisme*. Paris, Armand Colin, 1998.

BINOCHE, BERTRAND et JEAN-PIERRE CLÉRO. *Bentham contre les droits de l'homme*. Paris, Presses Universitaires de France, collection «Quadrige», 2007.

BLACKBURN, PIERRE. *L'éthique. Fondements et problématiques contemporaines*. Montréal, ERPI, 1996.

BOSS, GILBERT. *John Stuart Mill: induction et utilité*. Paris, collection «Philosophies», 1990.

CAILLÉ, ALAIN. *Critique de la raison utilitaire*. Paris, La Découverte, 1989.

CANTO-SPERBER, MONIQUE (dir.). *Dictionnaire d'éthique et de philosophie morale*. Paris, Presses Universitaires de France, 1996.

CANTO-SPERBER, MONIQUE. *La philosophie morale britannique*. Paris, Presses Universitaires de France, 1994.

CARNOIS, BERNARD. *La cohérence de la doctrine kantienne de la liberté*. Paris, Seuil, collection «L'ordre philosophique», 1973.

CASSIRER, ERNST. *La philosophie des Lumières* (1932). Paris, Fayard, 1966. (Traduit par Pierre Quillet.)

CLÉMENT, ÉLIZABETH et al. *La philosophie de A à Z*. Paris, Hatier, 2000.

CONSTANT, BENJAMIN. *De la liberté des Anciens comparée à celle des Modernes* (discours prononcé à Paris en 1819). Dans *Écrits politiques*. Paris, Gallimard, Folio/Essais, 1997.

CRAMPE-CASNABET, MONIQUE. *Kant, une révolution philosophique*. Paris, Bordas, 1989.

DELBOS, VICTOR. *La philosophie pratique de Kant* (1905). Paris, Presses Universitaires de France, 1969.

DUHAMEL, ANDRÉ et MOUELHI NOUREDDINE. *Éthique. Histoire, politique, application*. Boucherville, Gaëtan Morin, 2001.

ÉPICTÈTE. «Entretiens» (vers 110). Dans *Les Stoïciens*. Paris, Gallimard, collection «La Pléiade», 1962. (Traduit par Émile Bréhier.)

ÉPICURE. *Lettres et Maximes* (vers 300 av. J.-C.). Paris, Presses Universitaires de France, 1987. (Traduit par Marcel Conche.)

FREUD, SIGMUND. *Malaise dans la civilisation* (1929). Paris, Presses Universitaires de France, 1971.

GOULYGA, ARSENIJ. *Emmanuel Kant, une vie* (1981). Paris, Aubier Montaigne, 1985. (Traduit par Jean-Marie Vaysse.)

GRONDIN, JEAN. *Emmanuel Kant. Avant/Après*. Paris, Criterion, collection «La création de l'esprit», 1991.

GUIDI, MARCO E. L. *Principe d'utilité et conscience héroïque. La réception de l'œuvre de Bentham au XIXe siècle*. Dans *Recherches et Rencontres*. Genève, 1993, n° 4, p. 27-37.

HALÉVY, ÉLIE. *La formation du radicalisme philosophique* (1901-1904). Paris, Presses Universitaires de France, 1995.

HARRISON, ROSS. *Bentham et l'utilitarisme classique*. Dans *Dictionnaire d'éthique et de philosophie morale*. Paris, Presses Universitaires de France, 1996, p. 139-146.

HAYEK, VON FRIEDRICH. *Droit, législation, liberté* (1979). Paris, Presses Universitaires de France, 1980-1983. (Traduit par Raoul Audouin.)

HERSCH, JEANNE. *Le droit d'être un homme. Anthologie des Droits de l'homme*. Paris, Unesco/J.C. Lattès, 1968.

HÖFFE, OTFRIED. *Introduction à la philosophie pratique de Kant. La morale, le droit et la religion* (1985). Paris, Vrin, (1993). (Traduit par François Rüegg et Stéphane Gillioz.)

HÖFFE, OTFRIED (dir.). *Petit dictionnaire d'éthique* (1986). Paris, Éditions du Cerf, 1993. (Traduit par Lukas K. Sosoe).

HUTCHESON, FRANCIS. *Recherches sur l'origine de nos idées de la beauté et de la vertu* (1725), Paris, Vrin, 1991. (Traduit par Anne-Dominique Balmès.)

KANT, EMMANUEL. *Anthropologie du point de vue pragmatique* (1798). Dans *Œuvres philosophiques*. Paris, Gallimard, collection «La Pléiade», tome III, 1986. (Traduit par Pierre Jalabert.)

KANT, EMMANUEL. *Critique de la raison pratique* (1788). Dans *Œuvres philosophiques*. Paris, Gallimard, collection «La Pléiade», tome II, 1985. (Traduit par Luc Ferry et Heinz Wismann.)

KANT, EMMANUEL. *Doctrine du droit (Doctrine du droit et Doctrine de la vertu)* (1797). Dans *Œuvres philosophiques*. Paris, Gallimard, collection «La Pléiade», tome III, 1986. (Traduit par Joëlle Masson et Olivier Masson.)

KANT, EMMANUEL. *Fondement pour la métaphysique des mœurs* (1785). Paris, Hatier, 2000. (Traduit par Ole Hansen-Løve.)

KANT, EMMANUEL. *Idée d'une histoire universelle au point de vue cosmopolitique* (1784). Dans *Œuvres philosophiques*. Paris, Gallimard, collection «La Pléiade», tome II, 1985. (Traduit par Luc Ferry.)

KANT, EMMANUEL. *Leçons d'éthique* (1775-1780). Paris, Le Livre de poche, 1997. (Traduit par Luc Langlois.)

KANT, EMMANUEL. *Observations sur le sentiment du beau et du sublime* (1764). Paris, Vrin, 1969. (Traduit par Roger Kempf.)

KANT, EMMANUEL. *Réponse à la question: qu'est-ce que les Lumières?* (1785). Dans *Œuvres philosophiques*. Paris, Gallimard, collection «La Pléiade», tome II, 1985. (Traduit par Heinz Wismann.)

KANT, EMMANUEL. *Sur le lieu commun: il se peut que ce soit juste en théorie, mais, en pratique, cela ne vaut point* (1793). Dans *Œuvres philosophiques*. Paris, Gallimard, collection «La Pléiade», tome III, 1986. (Traduit par Luc Ferry.)

KANT, EMMANUEL. *Sur un prétendu droit de mentir par humanité* (1797). Dans *Œuvres philosophiques*. Paris, Gallimard, collection «La Pléiade», tome III, 1986. (Traduit par Luc Ferry.)

LALANDE, ANDRÉ. *Vocabulaire technique et critique de la philosophie* (1926). Paris, Presses Universitaires de France, 1968.

LAVAL, CHRISTIAN. *Jeremy Bentham. Le pouvoir des fictions*. Paris, Presses Universitaires de France, 1994.

LEQUAN, MAI. *La philosophie morale de Kant*. Paris, Seuil, collection «Essais», 2001.

LOCKE, JOHN. *Essai sur l'entendement humain. Livres I et II* (1690). Paris, Vrin, 2001. (Traduit par Jean-Michel Vienne.)

MAGEE, BRYAN. *Histoire de la philosophie* (1998). Montréal, Libre Expression, 2001.

MANENT, PIERRE. *Histoire intellectuelle du libéralisme : Dix leçons.* Paris, Calmann-Lévy, 1987.

MARX, KARL. *Le Capital. Critique de l'économie politique* (1867). Paris, Éditions Sociales, 1977. (Traduit par Joseph Roy.)

MARX, KARL et FRIEDRICH ENGELS. *L'idéologie allemande* (1846). Paris, Éditions Sociales, 1982. (Traduit par Henri Auger, Gilbert Badia, Jean Beaudrillard et Renée Cartelle.)

MÉTAYER, MICHEL. *La philosophie éthique : Enjeux et débats actuels.* Montréal, ERPI, 1997.

MEYER, MICHEL (dir.). *La philosophie anglo-saxonne.* Paris, Presses Universitaires de France, 1994.

MILGRAM, STANLEY. *Soumission à l'autorité : un point de vue expérimental.* Paris, Calmann-Lévy, 1974. (Traduit par Émy Molinié.)

MILL, JOHN STUART. *De la liberté* (1859). Paris, Gallimard, collection «Folio/essais», 1990. (Traduit par Laurence Lenglet.)

MILL, JOHN STUART. *L'Utilitarisme* (1861). Paris, Garnier Flammarion, collection «Champs», 1964. (Traduit par Georges Tanesse.)

MILL, JOHN STUART. *La nature* (1874). Paris, La Découverte, 2003. (Traduit par Estva Reus.)

MOURGEON, JACQUES. *Les droits de l'homme.* Paris, Presses Universitaires de France, collection «Que sais-je ?», 1978, n° 1728.

NIETZSCHE, FRIEDRICH. *Par-delà bien et mal* (1885). Paris, Gallimard, collection «Idées», 1975. (Traduit par Cornélius Heim.)

OGIEN, RUWEN. *Le rasoir de Kant et autres essais de philosophie pratique.* Paris, L'éclat, 2003.

PASCAL, BLAISE. *Pensées* (1657-1662). Dans *Œuvres complètes* (1657-1662). Paris, Gallimard, collection «La Pléiade», tome II, 2000.

PASCAL, GEORGES. *La pensée de Kant.* Paris, Bordas, 1957.

PÉGUY, CHARLES. *Victor-Marie, Comte Hugo, Solvuntur objecta* (1910). Dans *Œuvres en prose* (1909-1914). Paris, Gallimard, collection «La Pléiade», 1961.

PERELMAN, CHAÏM. *Introduction historique à la philosophie morale.* Bruxelles, Éditions de l'Université de Bruxelles, 1980.

PHILONENKO, ALEXIS. *L'œuvre de Kant.* Paris, Vrin, tome II, 1972.

PUCELLE, JEAN. *Hume ou l'ambiguïté.* Paris, Seghers, 1969.

REGAN, TOM. *The Case of Animal Rights*. Berkeley, University of California Press, 1983.

RIGOLLET, CATHERINE. *Les Droits de l'homme : un combat pour la liberté*. Paris, Hachette, 1997.

RIOUX, JOCELYNE. *Éthique et politique : problèmes contemporains*. Montréal, Centre collégial de formation à distance, 1997.

ROSEN, FRED. «Bentham et la liberté négative». Dans *Recherches et Rencontres*. Genève, 1993, n° 4, p. 59-72.

ROUSSEAU, JEAN-JACQUES. *Du contrat social* (1762). Paris, Seuil, 1977.

SARTRE, JEAN-PAUL. *L'existentialisme est un humanisme* (1946). Paris Gallimard, collection «Folio Essais», 1996.

SINGER, PETER. *La libération animale* (1975). Paris, Grasset, 1993. (Traduit par Louise Rousselle.)

SINGER, PETER. *Questions d'éthique pratique* (1993). Paris, Bayard, 1997. (Traduit par Max Marcuzzi.)

SKORUPSKI, JOHN. *John Stuart Mill et l'utilitarisme*. Dans Canto-Sperber, Monique (dir.). *Dictionnaire d'éthique et de philosophie morale*. Paris, Presses Universitaires de France, 1996, p. 1029-1037.

TENZER, NICOLAS. *Philosophie politique*. Paris, Presses Universitaires de France, 1994.

TOCQUEVILLE, ALEXIS DE. *De la démocratie en Amérique* (1835-1840). Paris, Robert Laffont, 1986.

VERGELY, BERTRAND. *Kant ou l'invention de la liberté*. Toulouse, Éditions Milan, 2001.

WALKER, RALPH. *Kant* (1998). Paris, Gallimard, collection «Les grands philosophes», 2000. (Traduit par Ghislain Chaufour.)

WEBER, MAX. *Le savant et le politique* (1919). Paris, Gallimard, collection «10/18», 1996. (Traduit par Julien Freund.)

WILLIAMS, BERNARD et JOHN JAMIESON CARSWELL SMART. *Utilitarisme. Le pour et le contre* (1973). Genève, Labor et Fides, 1997. (Traduit par Hugues Poltier.)

INDEX

A

Abondance 163, 164, 165, 190
Action
    accomplie par devoir 43-48
    conforme au devoir 43-48
    morale vi, 15, 19, 25, 29, 30, 36, 106, 139, 142, 143, 193
Altruisme 44, 131, 133, 136
Amour de soi, Voir égoïsme
Autonomie 5, 12, 19, 21, 36, 172

B

Besoin 16, 17, 18, 19, 25, 29, 30, 34, 36, 40, 74, 107, 163, 181
Bien iv, v, viii, 9, 23, 35, 45, 112, 114, 115, 117, 121, 129, 130, 134, 135, 141, 142, 151, 157, 164
Bien commun 137, 156, 161, 162, 163, 165, 168, 176, 184, 188
Bien-être collectif 82, 99, 157, 160, 161, 162 164, 186, 188
Bien moral 6, 52, 114, 116, 119, 120, 133, 134, 136, 145
Bien suprême 35, 114
Bienveillance (devoir de) 45, 46, 62, 63, 82, 86, 98, 132, 174
Bonheur vi, vii, 20, 22, 29-35, 36-38, 63, 67, 77, 82, 86, 94, 95, 98, 114, 116, 118, 119, 120-125, 129, 149, 150, 157-172, 176, 179, 180, 182, 184, 185, 186, 188, 189
    collectif 68, 106, 116, 117, 131, 133, 135, 136, 137, 138, 146, 148, 149, 150, 152, 154, 157, 160, 161, 164, 166, 167, 170, 173, 174, 176, 184, 185, 186, 188, 189
    individuel vi, vii, 20, 29, 30, 31, 32, 33, 36, 37, 38, 94, 106, 116, 123, 133, 134, 135, 160, 162, 173
Bonne volonté 23, 24, 25, 26, 27, 29, 30, 32, 38, 39, 40, 44, 48, 55, 86, 95, 96, 98, 99, 119

Marquis imprimeur inc.

Québec, Canada
2010